범죄 관상학

진각 **정 동 북** 저

한 서너번 애독하면 누구나 범죄자를 식별 하는데
도움이 되어 수사나 조사시 안목이 넓어진다

법문북스

범죄 관상학

진각 정동북 저

한 서너번 애독하면 누구나 범죄자를 식별 하는데
도움이 되어 수사나 조사시 안목이 넓어진다

 법문북스

관상학

"달마 상법은 입문하기 전에 먼저 세상과의 인연
(부모, 형제, 처자식 의식주에 대한 욕망)
을 끊어야만 천기
(하늘의 기밀, 조화의 신비)
의 묘한 이치를 깨칠 수 있느니라."

"달마 상법에 확연히 눈을 뜨게 되면
이법이야 말로 신선의 술법이로다.
마음이 맑고 깨끗한 자는 정성을 다하여
이 묘리를 연구해서 이 현묘한 이치를 마음으로
깨닫게 되면 눈이 저절로 뜨일 것이다."

얼굴 사마귀의 길흉도

※ 얼굴 전체에 나타나는 사마귀의 길흉점을 보면 무척이
나 재미있고 신기하게 관상을 볼 수 있어 독자들의 힘이
불쑥 솟아오를 것이다.

"범죄 관상학"

「범죄관상학이란?」 얼굴 전체에 나타내는 모든 범죄 형태를 말한다.

"괴로움은 내가 지은 인연 따라간다."

세상 이치와 자연의 원리에 딱 맞은 훌륭한 명언이다. 우리 속 담에 "개와 자지 않고서는 빈대를 잡을 수 없다"고 하였다. 저자 는 이 "범죄 관상학"이라는 책 한 권을 쓰기 위해 23년을 강력범 방 살인강도, 사형수, 무기수방에서 많은 고통을 받고 피눈물을 흘리면서도 생동감 있게 이 글을 썼다. 동료들 몰래 생생하게 글 을 쓴다는 것은 철창 안에서는 바로 죽음이다. 이렇게 글을 쓰는 것이 가능했던 것은 징역살이를 통해 사선을 넘나들면서 교도소를 수차례 들락날락하여 터득하였기 때문이다.

"얼굴이 달라지려면 마음 씀씀이가 도인 같아야 한다." 저자 의 말이다. 사주팔자는 관상에서 나오고 관상은 골상에서 나오 고, 골상은 심상에서 나온다. 악한 마음은 간장의 찌그러진 모 습으로써 선을 억누르고 불꽃처럼 맹렬히 타오른다. 급한 성미 는 날벼락 같고, 분노는 천둥 같아서 눈에 조금만 거슬려도 스 트레스로 엄청나게 괴로워한다. "범죄 관상학"의 요체는 음양오행 론과 찰색론에 있다. 하늘의 섭리에 있는 절대 원리와 변화하는 기후 및 에너지를 통해 타고난 체질과 관상을 알 수 있다.

육체의 변화는 나이에 비례한다. 순서적으로 다가오는 매년 사계절의 변화법칙에 역시 음양오행을 대입하고 찰색론을 살피며, 관심법을 도입해 보면 신통방통하게도 틀림이 없이 백발백중이다. 36년 전(경찰학교 교육생 시절) 저자가 장 교수님께 "범죄 관상학"에 관심이 있다고 하니 그럼 "범죄 관상학" 연구를 한 번 해보라고 권유하신 것이 계기가 되었다.

그래서 버스, 기차, 지하철, 비행기 등에서 내국인들과 외국인(중국, 일본, 동남아시아)들을 유심히 바라보니 머리끝에서 발끝까지 보는 3~4초 사이에 무려 10가지 이상의 "범죄 관상학"을 생각해 볼 수 있게 되었다. "범죄 관상학"을 연구하는 사람은 오직 지구상에서 대한민국에 저자가 전무후무할 것이다.

이 글을 정독하고 난 후에는 어린 7세부터 ~ 70세까지 누구나 관상을 보고 무슨 범죄자인지, 진실로 살인범, 강도, 절도, 폭력, 사기범인지를 알 수 있을 것이다. 그럼으로써 외국인이든 내국인이든 범죄형에 대해서 속히 대처할 수 있을 것이다. 서양인은 눈도 푸르고 움푹 들어가 있어 얼굴관상을 동양인에 비교해 살피면 틀림없이 범죄형을 가려낼 수 있다.

풍부한 내용을 우리 어린이나 청년층, 노년층 모두 다 같이 쉽고 재밌게 이해할 수 있도록 썼다. 한 서너 번 읽으면 누구나

"범죄 관상가"가 될 수 있고 모든 범죄로부터 쉽게 대처할 수 있는 지혜가 생긴다.

특히 중국, 일본 사람들의 관상은 거의 똑같고 필자가 쓴 "범죄 관상학"과 관계가 많으며 인과 법칙과의 관계가 깊다. 저자도 경찰관 시절 서울에서 5년 동안 수배범(기소중지자)들을 전부 얼굴 관상을 보고 체포 · 검거했다. 유난히도 특수강도, 특수절도, 폭력, 공무집행 방해형 등은 쉽게 얼굴에 잘 나타나고 안경 낀 사기형의 관상이 잘 나타나지 않았다.

지금 현재 경찰고위층 인사는 저자와 경찰학교 동기다. 이 글 한편을 쓰기 위해 23년여 동안 교도소를 들락날락했다. 확실히 모르는 것이 있으면 목욕탕, 찜질방 또는 교도소에 들어가 알았고 그렇게 이 글 한편을 쓰는데 36년이 걸렸다.

여기서 전체 얼굴 또는 각 부위를 보는 관상학의 신비한 위력을 책을 통해서나마 접하기를, 또 가능한 한 많은 사람들이 읽고 범죄형을 쉽게 알아보아 사전에 대비하기를 바라면서 이 글을 썼다. 문학수도의 출생으로 불후의 명작 1편을 쓰기 위해 붓을 잡았다. 이 책을 읽고 누구나 사람 보는 안목이 크게 넓어지기를 발원하는 바이다.

2017. 12.

진각 정동북 지음

목 차

〈마의선사 상법설의〉 / 1
〈편작이 담장 밖의 병자를 진단〉 / 4

☯ 제1장 범죄관상학이란? ──────── 7

1. 범죄 관상학의 올바른 정의란? / 11
2. 범죄 관상학의 유형 / 13
3. 얼굴 전체에 나타나는 팔상도의 유형 / 17
4. 얼굴 부위에 나타나는 12궁도 / 21
5. 가장 중요한 얼굴 면상 24곳을 세밀하게 분석한다. / 27
6. 호흡의 길흉 / 35

☯ 제2장 범죄관상학의 각론 ──────── 37

1. 범죄 관상학과 의명학 / 41
〈몸의 안과 얼굴 밖에 먼저 전하는 질병의 신호〉 / 41
〈관상학이 예방의 최선책〉 / 42
2. 범죄 관상학 유형별 11대 범죄형 / 45
(1) 살인형 / 45
(2) 방화형 / 47
(3) 특수강도형 / 51
(4) 특수절도형 / 57

    (5) 폭력형   / 61

    (6) 사기형   / 65

    (7) 특수공무집행방해형   / 69

    (8) 음주운전, 뺑소니, 교특형(과실범)   / 71

    (9) 마약류(히로뽕, 대마초)   / 75

    (10) 조폭류형 (조폭, 주폭, 범죄단체 구성)   / 79

    (11) 경범죄형(10대 범죄형을 제외한 나머지가 경범죄다.)   / 81

    (12) 특별형(남파간첩)   / 83

  3. 범죄 형태의 각 찰색론과 얼굴 부위의 형태   / 87

    (1) 얼굴색   / 87

    (2) 얼굴형   / 88

    (3) 얼굴색과 관상   / 89

    (4) 얼굴색과 찰색   / 90

🌑 제3장 범죄유형의 종합형 ──────── 95

  1. 살인미수, 특수폭행, 특수폭력 종합형   / 95

  2. 업무방해형, 사기형, 특수폭행의 종합형(상상적 경합범) / 97

  3. 무고와 사기 특수공무집행방해형(상상적 경합범)   / 98

  4. 특수형(강도상해, 사기, 사문서위조,

                 사문서위조 동 행사, 무고사범형) / 101

  5. 특수형(사형수)   / 103

  6. 범죄를 일으키는 가정환경형   / 105

  7. 특수형(7명의 관상)   / 111

  8. 얼굴 전체 및 각 중요한 부위(눈, 귀, 코, 입) / 122

    (1) 눈   / 122

(2) 귀 / 127

(3) 코 / 130

(4) 입과 입술 / 133

● 제4장 비만형 · 여윈형 · 혼합형 ──────── 137

1. 비만형 / 139

2. 야윈형 / 141

3. 난형(달걀형) / 141

4. 혼합형 / 143

5. 전택궁이 좁은 사람. / 143

6. 전택궁이 넓은 사람 / 143

7. 사마귀 / 145

8. 천이궁 / 145

9. 인연, 재물운 / 145

10. 눈의 관상법 / 147

11. 안 부위 각 명칭 / 149

12. 날카로운 안을 지닌 용안 / 149

13. 웬지 친밀감을 갖게 하는 원앙안 / 149

14.물고기 눈 / 151

15. 고양이 눈 / 151

16. 유연하게 사람을 포섭하는 사자안 / 153

17. 원숭이 눈 / 153

◑ 제5장 범죄자의 혼합형 ──────────── 155
  1. 조OO(문화계 블랙리스트 무늬)　　　　　/ 157
  2. 특별형 : 희대의 사기범 윤OO　　　　　/ 159

◑ 제6장 황제내경과 범죄관상학 ──────── 161
  〈몸의 안과 밖이 먼저 전하는 질병의 신호〉　　/ 163
  〈예방이 최선책〉　　　　　　　　　　　/ 164
  〈병이 중하면 음식과 약초를 함께 써야〉　　/ 166
  〈괴로움이 깊으면 병도 중해져〉　　　　　/ 168
  〈증세에 따라 희로애락도 옮겨 다녀〉　　　/ 169
  〈사기의 해악〉　　　　　　　　　　　　/ 172
  〈간담이 병들 때 몸의 반응과 심리변화〉　　/ 172
  〈'황제내경'을 바탕으로 한 의명학〉　　　　/ 174
  〈모든 음양오행의 찰색은 범죄관상학과 관계가 깊다〉 / 175
  〈간담에 침범한 사기가 신장에 옮아간 신부전증과 치료법〉 / 176
  〈체질〉　　　　　　　　　　　　　　　/ 177
  〈진단〉　　　　　　　　　　　　　　　/ 177
  〈대운과 체질〉　　　　　　　　　　　　/ 179
  〈심장·비장 전이된 치료 중요〉　　　　　/ 182

  ※ 평범하고 원만한 상　　　　　　　　　/ 185

<마의선사 상법설의>

마의선사께서 이렇게 말씀하셨다.

"사람 각자는 이 세상에 나오는 그 순간부터 빈부와 귀천, 어리석음과 현명함, 수명, 길흉화목, 악과 선이 결정되어진 채 육신을 입게 된다."

그것은 피부, 골격, 찰색, 음성 등의 생김을 보고 짐작할 수 있는데 이 같은 이치를 아는 자가 없는 것을 애석하게 여겨왔다.

관상이란 사람마다 다르게 생긴 모양을 보고는 과거, 현재, 미래의 일을 예측하는 방법이다. 그러나 이것은 무척 심오하고 차원이 높기에 평범한 사람은 가르침을 줘도 알지 못하고 신묘한 기운을 타고난 정직한 마음의 소유자여야만 이해할 수 있을 것이다.

마의선사는 기거하던 석실에 비장되어 전해 내려오던 옛날 신성의 비밀을 분석하여 진박(陳搏)에게 전수하였다. 마의선사는 중국 송나라 시대 사람으로 늘 삼베옷을 입었다고 한다. 선사는 중국 화산 석굴에서 진박을 제자로 삼아 은거하였는데 겨울이면 화로를 끼고 앉아 화로의 재 위에 글씨를 써서 상법을 가르쳤다. 진박은 훗날 송나라 태조의 부름을 받아 벼슬하기를 권했으나 이를 사양하고 스승인 마의선사가 기거하던 석실에서 수련을 쌓았다. 황제는 그를 희이(希夷)라는 시호를 내리면서 공명을 탐하지 않는 그를 기렸다고 한다.

희이란 노자(奴子)의 도덕경에서 생긴 말이다.

범죄 관상 기록

도 인 상

견이불견말희(見而不見曰希)

견이불문왈이(見而不聞曰夷)

라는 약자로써, 보여도 보지 않음을 희(希)라 하고 들려도 듣지 않음을 이(夷)라 해서 사람의 마음이 그윽이 깊고 깊어서 그 심지를 보통 사람으로서는 헤아릴 수 없음을 뜻한다.

피부는 늘어나거나 줄어들어서 변화가 크지만 골격은 바뀌지 않기 때문에 인생 전체의 귀천을 알 수 있다. 이에 비해 피부와 기색은 수시로 변하므로 앞날의 길흉화복을 예측할 수 있다.

얼굴의 삼정(상정, 중정, 하정) 중 머리카락이 난 부분에서 인당까지를 상정이라 하고, 인당에서 준두(콧등)까지를 중정, 준두에서 지각(턱) 끝까지를 하정이라고 말한다. 삼정(三停)이 균형을 이루고 있으면 일생동안 의식주가 풍족하리라.

옛 관상서에 "삼정이 길면 어렸을 때 복을 많이 받고, 중정이 길면 높은 관직에 오르고, 하정이 길면 말년에 운이 좋아진다. 그리고 삼정이 균등하게 조화를 이루면 부귀가 이어진다. 하지만 하정이 유난히 긴 사람은 보통 말년에 부귀를 누리게 되지만 평생 고통이 많이 따른 사람도 간혹 있다"고 했다. 반면 몸체의 삼정은 머리에서 어깨까지를 삼정, 어깨에서 허리까지를 중정, 허리에서 말끝까지를 하정이라고 한다. 하체가 짧고 상체가 긴 사람은 벼슬길이 열리게 되며, 서민이 이와 같은 체형이면 금은보화가 창고에 쌓이리라.

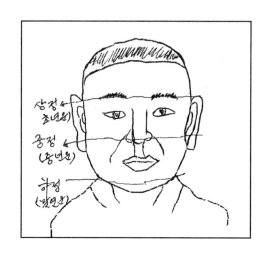

상정
(초년운)

중정
(중년운)

하정
(말년운)

<편작이 담장 밖의 병자를 진단>

아득한 옛날부터 얼굴과 체형이 그 사람의 성격과 운명에
어떤 관계가 있는 것이 아닌가 하는 연구가 여러 형태로 행
하여졌다.

관상이나 수상은 모두 그 발생지가 인도인데 '삼드리카'
(인간 전신의 주름과 운명의 관련성을 쓴 것)에 처음 등장한
다. 이것에서 '히스트리카'(손의 주름과 운명과의 관계를
쓴 것)가 갈라져서 나왔으며 이것이 수상의 기원이다. 다른
하나는 관상학이다.

동양의 관상학은 중국에서 시작되었다. 그렇지만 처음부터
관상학이 있었던 것이 아니라 체형이나 얼굴을 보고 병을 진
단하며 생사를 판단하는 의료업에 종사하는 사람들에 의해
만들어진 것이다. 관상으로 병을 판단하는 병상학의 시조는
너무나도 유명한 중국 고대의 신의 편작이다. 그는 담 너머

길을 지나가는 병자가 어디가 아픈지 손바닥을 보듯이 아는 신의였다고 한다. 편작이 진나라에 갔을 때 간자가 죽어서 소동이 일어났다. 편작은 사흘만 지나면 다시 살아날 것이라고 예언했는데 그 말이 적중하여 정말로 사흘 뒤에 소생했다고 한다. 표나라에 갔을 때는 태자가 중풍으로 거의 죽음에 이르렀는데, 그는 그러한 태자를 간단히 소생시켰다. 제나라에 가서는 환공을 만나보고 원기 왕성한 환공에게 곧 죽을 것이라는 예언을 하여 기분을 상하게 만들었는데 결국 환공은 예언대로 죽었다고 한다. 이리하여 그의 평판은 대단하였다. 그런데 편작의 평판이 한없이 올라가자 진나라의 태의령(현재의 의사회장) '계류'가 이를 시기하여 부하들에게 명하여 편작을 암살하라고 한다.

이 역사적 사실은 '사마천'의 <사기>열전에 기록되어 있다.

제1장

범죄관상학이란?

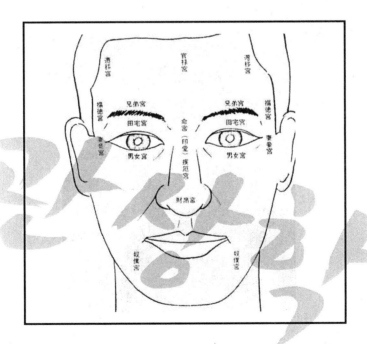

범죄 관상 기록

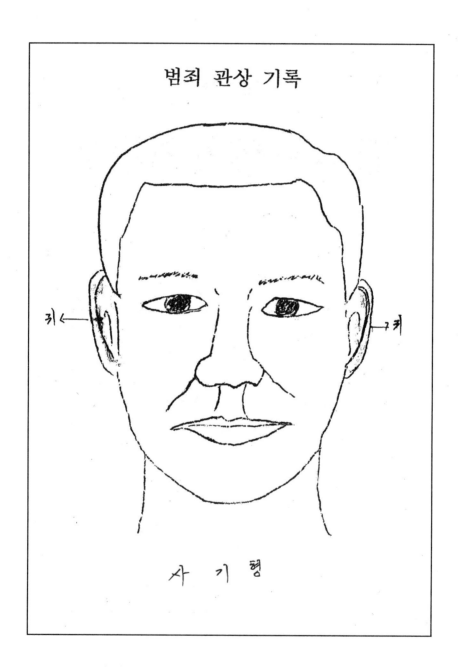

키←   키

사 기 형

제1장 범죄관상학이란?

　범죄 관상학이란 얼굴면상에 나타나는 각종 범죄 형태를 말한다.

　범죄관상학만큼 심오하고 손쉬운 묘술도 없다. 어느 사람이든 동물이든 비슷한 얼굴은 있지만, 동일한 얼굴은 하나도 없다. 운명이 다르면 얼굴도 다른 것이고, 얼굴이 다르므로 운명도 다르다.

　관상가는 옛 부터 비전(秘典)이라고 하여 천기를 누설하지 않고, '두문불출' 하라고 했다. 이 책 한 권으로 관상의 비법을 알 수 있으니 정독하여 개운의 법 내 운명의 개척자가 되기를 발원하는 바이다. 그리고 험상한 관상이라도 운명을 개척하고 여는 방법이 있다.(예 : 명당이장, 얼굴성형, 눈썹성형, 음식과 식사량)

　사람이 성공하는 것은 좋은 생각과 긍정적인 사고력, 노력 여하에 달려있다고 보며, 올바른 길을 찾아서 한 발짝, 한 발짝씩 나아가는 것이 가장 중요하다.

범죄 관상 기록

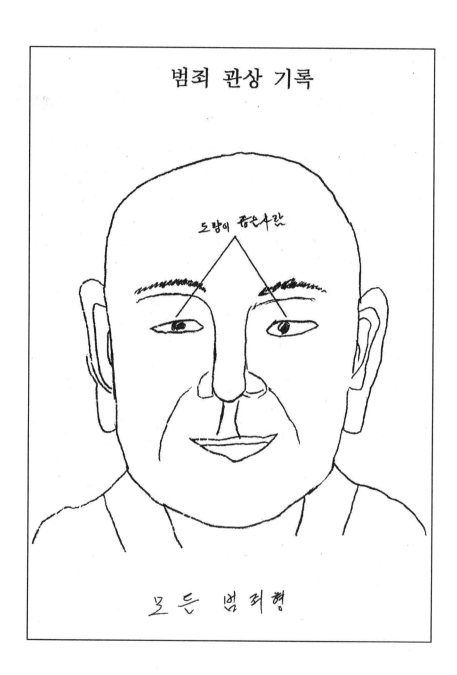

도랑이 좁은사람

모든 범죄형

1. 범죄 관상학의 올바른 정의란?

범죄 관상학이란?

관상학이란 말에는 그 사람의 성격이나 운세, 용모까지도 포함한다.

관상이란 사람의 기분 여하에 따라 많이 달라진다. 그러므로 항상 악을 생각하면 악인의 상이 되고, 좋은 일만 생각하면 선인의 상이 되는 것이다. 관상이 운명이라 성격을 지배하는 것이 아니라 기분이 관상을 지배하는 것이다.

'이걸 마음속에 각인시켜야 한다.' 관상을 볼 때는 시시각각으로 변하는 단지 얼굴, 몸 전체, 그 사람의 일상 활동 자태까지 필요로 한다.

근본관상이라는 것은 얼굴, 머리, 이마, 몸 등만 보는 것이 아니라 어디까지나 얼굴, 성격, 운세가 기본이란 것이고, 근본이 어디까지나 토대라는 것은 음식과 식사량에 있다는 것을 잊지 말아야한다.

범죄 관상학은 1세부터 100세까지를 보고, 남, 여 숨이 끊어져 죽는 순간까지를 생생하게 볼 수 있는 통계학적인 학문이다. 범죄 관상학은 초년 운, 중년 운, 말년 운의 3단계와 찰색론의 청, 황, 백, 적, 흑의 오색으로 보며, 춘, 하, 추, 동의 사계절 운세와 음양오행 상생상극의 원리와 관심법을 대입해 종합적으로 보아야 신통방통 정확하다.

범죄 관상 기록

㉠살인형부터 ~ ㉰사기형까지

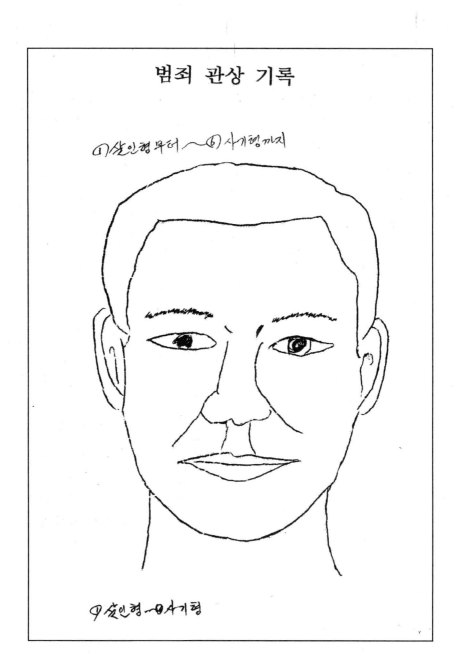

㉮ 살인형 ~ ㉰ 사기형

2. 범죄 관상학의 유형

범죄 관상학의 유형은 크게 11대 범죄형으로 보며 누구나 해당하고 인연법에 따라서 크게 달라진다.

1) 살인형

2) 방화형

3) 특수강도형

4) 특수절도형

5) 특수폭행형

6) 특가법상 사기횡령

7) 공무집행방해형

8) 교특형(과실범)

9) 마약류 사범

10) 조폭, 주폭, 범죄단체구성 등 형

11) 경범죄형

범죄 관상 기록

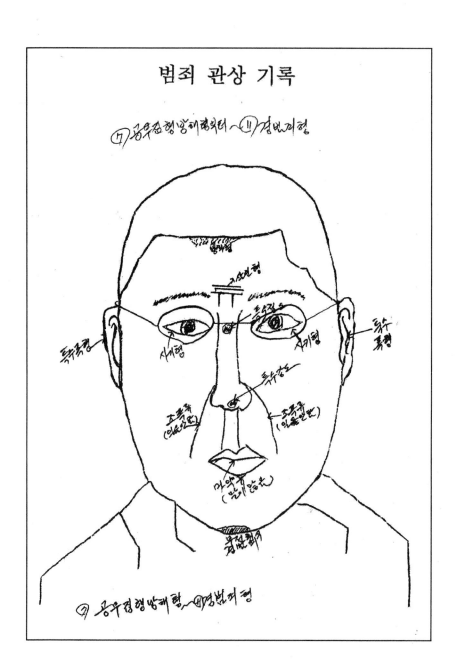

- 14 -

12) 특별형, (남파간첩형)

① 살인미수, 강도살인, 강간살인, 사채유기는 살인형에

② 방화미수, 현주건조물 방화, 차량 방화는 방화형에

③ 특강미수, 준강도, 강도 상해, 특수강도는 특수강도형에

④ 절도미수, 사용절도, 소매치기, 특수절도는 특수절도형에

⑤ 성폭력, 성추행, 성매매, 폭력, 특수폭행 상해는 특수폭행형에

⑥ 유사수신행위, 보이스피싱, 배임, 횡령 사기는 배임 사기형에

⑦ 영업방해, 업무방해, 특수공무집행방해는 특수공무집행방해형에

⑧ 음주운전, 난폭운전, 뺑소니, 도로교통법은 교특형(과실범)에

⑨ 마약, 대마초, 히로뽕은 마약류형에

⑩ 조폭, 주폭, 범죄단체 구성은 조폭류형에

⑪ 공포 분위기 조성, 혐오감, 무전취식은 경범죄형

⑫ 특별형으로는 남파간첩, 황장엽(북한 노동당 비서)암살하러온 동○○

범죄 관상 기록

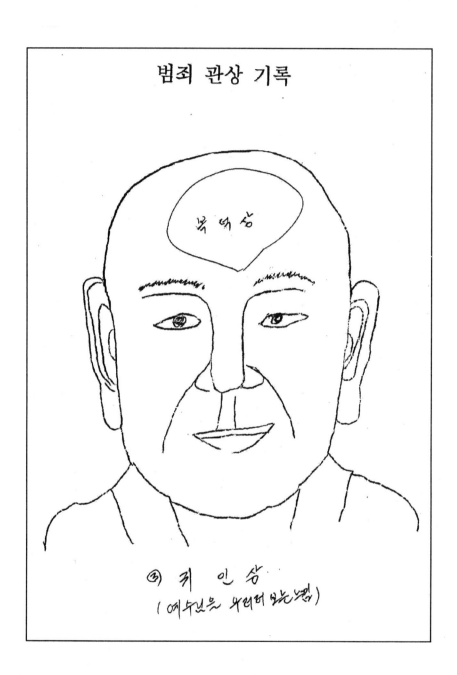

③ 죄 인 상
(예수님은 우리더 않는넘)

3. 얼굴 전체에 나타나는 팔상도의 유형

① 악인상 : 내가 상대를 대면해봤을 때 뭔지 모르게 마음에
받는 느낌이 나를 얕잡아 보는듯한 경우이다.

② 귀인상 : 내가 상대를 마주 대할 때 상대편에게 대단히
맑고 맑은 느낌을 주는 것(예수님을 우러러 보
는 것과 같은 느낌)이다.

③ 복덕상 : 내가 상대와 마주 대면했을 때 화사한 봄이 되
어서 그 사람의 얼굴이나 모습에서 어쩐지 따
뜻한 감정이 느껴진다. 얼굴에 윤기가 흐르면
모든 일이 잘되고, 황금복덕이 쌓인다.

④ 고독상 : 초면이라도 금방 느낌이 느껴지는 상이다. 마치
비를 맞은 병아리 새끼 같다. 얼굴에 검푸른 색
이 나타나면 근심걱정이 많아진다.

⑤ 단명상 : 살생을 많이 하여 상대를 만났을 때 마주 대하
는 상대편이 힘이 없고 흐물흐물해 진다. 그 사
람의 얼굴에 거무스레한 빛깔이 나타나고, 죽음
에 직면한 상이다.

⑥ 장수상 : 내가 상대를 마주 대했을 때 판단하는 사람이
편하게 말을 하고, 상대할 수 있는 상이다. 여
드름이 날 나이가 되어 얼굴에 빨간 반점이 생

범죄 관상 기록

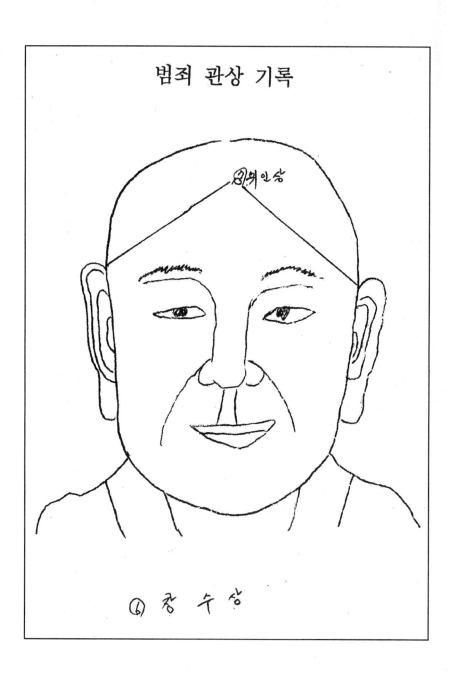

ⓝ 장수상

기면 관재에 구설이 많을 상이다.

⑦ 위인상 : 내가 마주 대한 상대편에게서 자기가 싫어하는
　　　　　　사람과 마주 대한 느낌을 받는다. 말하는 상대
　　　　　　가 거북하다. 얼굴에 윤기가 흐르고 밝은 색이
　　　　　　면 복이 쌓이고 만사형통한다.

⑧ 빈천상 : 내가 상대방과 마주 대면하였을 때, 어쩐지 처
　　　　　　량한 감이 들고, 하고 싶은 말도 하지 않기 쉽
　　　　　　다. 코끝에 적색이 나타나고 피부가 거칠며 모
　　　　　　든 일이 순조롭지 않고 실패만 따른다. 이것은
　　　　　　관상가가 사람을 상대해 마주볼 때 느끼는 일
　　　　　　종의 영감이다.

　제일 먼저 악인상과 복덕상을 구분하고 그 다음에 실력이
쌓이면 하나 둘씩 익혀간다.

※ 범죄 관상학이 필요한 분들, 즉 군수사관, 검찰수사관, 경
찰관, 교도관, 국정원 전 요원, 특별사법경찰관, 근로감독관,
대공 분야 근무한 분들, 세관원, 출입국관리사무소 요원들에
게 많은 도움이 될 것이다.
저자가 이 글을 세상 밖으로 내놓은 것은 명예나 권력 따위
를 위함이 아니고 범죄를 사전에 예방하고 대한민국의 모두
가 행복해 지기를 간절히 발원하기 때문이다. 특히나 어린이
들이나 아가씨들, 성인 모두가 이 글을 읽고 범죄행위에 쉽게
대처할 수 있도록 노력했다.

범죄 관상 기록

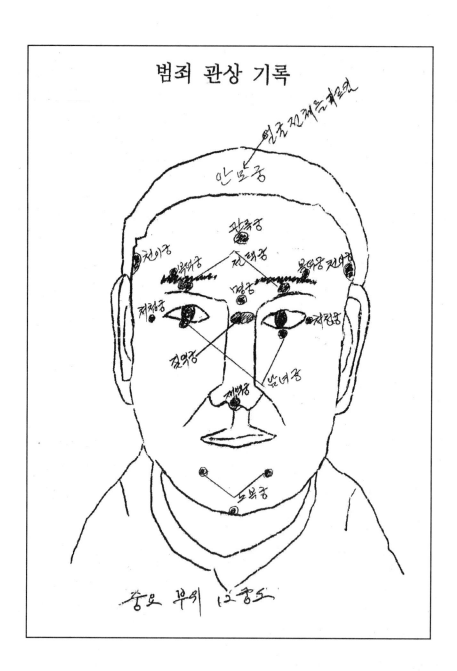

- 20 -

4. 얼굴 부위에 나타나는 12궁도

얼굴에 나타나는 12궁은 관상에서 매우 중요한 부분이므로 매우 신중하게 판단하여 선택을 하여야 알 것이다.

① 관록궁 : 관록궁에 피부가 거무스레하면 소송이 일어나거나 실직한다. 관록궁은 이마 중앙에 있고, 윗사람과의 관계나 승진, 영전 등을 본다.

② 명궁 : 인당에 암색 같은 거무스레한 색이 나타나면 사망한다. 인당은 눈썹과 눈썹 사이에 있고, 그 사람의 장래와 운세를 본다. 인당에 실낱같은 홍색이 나타나면 송사 및 교도소에 갈 수가 있다.

③ 천이궁 : 관자놀이를 말하며 집안일이나 먼 곳의 일, 주택관계의 일을 본다. 역마와 변지가 밝고, 황윤색이 나타나면 귀인이 돕고 명예가 높아진다.

④ 형제궁 : 양쪽 눈썹이고, 형제자매의 일과 관계를 본다. 암색이 거무스레하게 나타나면 형제자매에게 큰 악운이 온다.

⑤ 복덕궁 : 양쪽 눈썹꼬리 바로 윗부분으로, 손실과 이득, 재운에 대하여 본다. 금전운과 부동산 관계까지 봐야 한다.

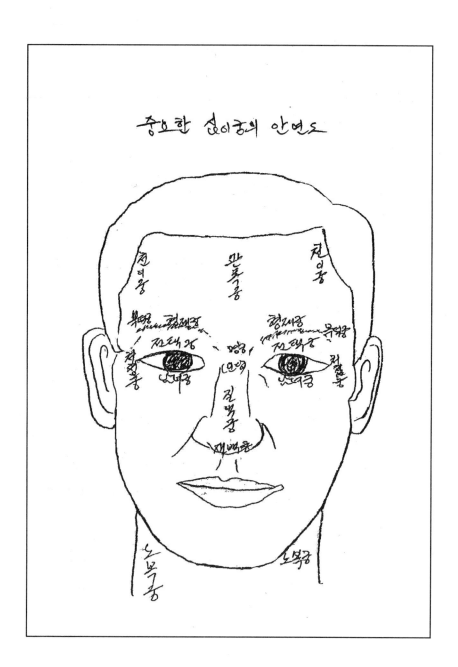

⑥ 처첩궁 : 부부궁에 암색이 나타나면 배우자에게 질병이 생기거나 재앙이 따른다. 눈꼬리(간문) 부분으로, 배우자와의 문제, 처와 첩, 남편관계 등을 본다. 피부가 까칠하면서 창백하며 배우자와 사별을 한다.

⑦ 전택궁 : 눈과 눈썹 사이 부분에 있고, 아들과의 상속관계를 본다. 전택이 부어오르는 것은 불효자다. 전택궁에 거무스레한 색이 나타나면 재산문제 시비가 일어난다. 턱과 이마에 황윤색이 나타나면 부동산을 많이 사들인다.

⑧ 남녀궁 : 와잠의 피부가 까칠하고 푸르스름한 색이 나타나면 자녀에게 우환이 있고, 짙은 색이면 자녀를 잃는다. 아래 눈꺼풀이 통통한 부분이며, 자식들의 덕과 자손들의 덕을 본다.

⑨ 질액궁 : 질액궁에 거무스레한 색이 나타나면 질병이 침입한다. 또한 병으로 무척 고생한다. 양쪽 눈사이를 보면 산근이라 하고 병에 관하여 감정한다. 현재운세에 대하여도 본다.

⑩ 재백궁 : 암몽색이 비치면 감옥 가는 수가 있고, 재산손실 또한 많으며 때로는 사망한다. 준두(콧등)부분으로 재산, 금전에 관계되는 일을 본다. 코에 반드시 윤기가 흐르고 밝은 색을 띠면 재물이 펑펑 쏟아진다.

범죄 관상 기록

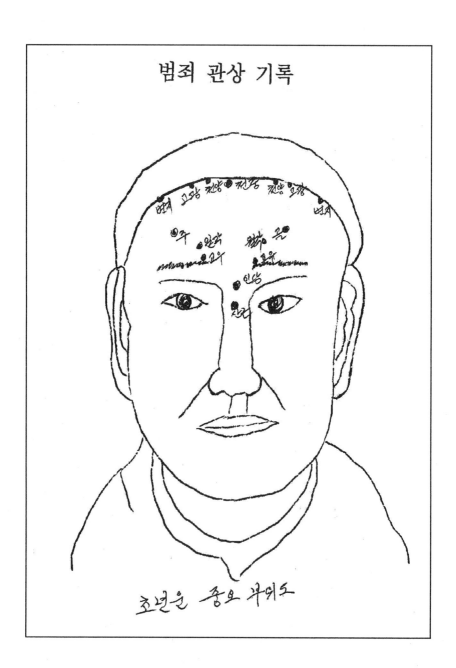

- 24 -

⑪ 노복궁 : 지각(턱)의 좌우를 보고 주인과 부하들 사이의
관계, 고용주와 종업원 사이의 관계를 살펴본
다. 노복궁에 거무스레한 색이 나타나면 아랫
사람이나 부하에게 질병이 온다.

⑫ 안모궁 : 얼굴 전체의 운세와 성격을 파악한다. 명궁과
재백궁에 나타나면 감옥을 가거나 재물을 크게
잃는다.

범죄 관상 기록

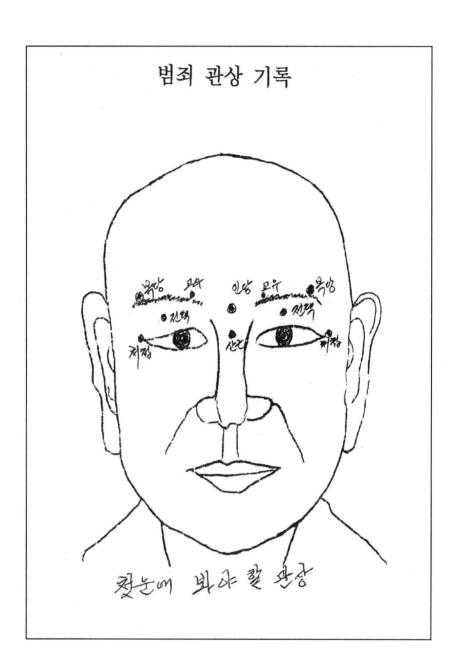

첫눈에 봐야 할 관상

5. 가장 중요한 얼굴 면상 24곳을 세밀하게 분석한다.

① 천중 : 황윤색의 밝은 기운이 거무스레하게 윤기가 나면 60일 안에 승진하고, 재물이 들어오며 3일 안에 부귀공명 한다. 검은 흑색이 나올 경우, 조금도 생각한 바 없는 걱정거리나 대단히 고통스럽고 나쁜 일이 생긴다. 일각월각에 황미색이 나타나면 3년 안에 총리가 되거나 장군이 되며, 왕의 부름을 받는다.

② 천양 : 탁한 적색이 나올 때는 전혀 예기지 못한 재앙이 일어난다. 관상을 보는데 있어서 젊은이나 늙은이는 기색을 달리 보아야 한다. 노인은 눈빛이 뚜렷해야 하고 희끄무레한지를 조심해서 보아야 하며, 젊은이의 눈빛은 밝고 윤기가 자르르 흘러야 좋다.

③ 고광 : 윤기 없는 깨끗한 빛(황윤색/홍미색)이 나올 때는 자신이 미처 예기치 못한 경사스러운 일이 생긴다. 전체 기색은 밝은 반면 어두운 색깔이 나오면 그날은 운세가 아주 안 좋다.

④ 변지 : 관자놀이, 즉 여행에 대하여 좋고 나쁜 것과 먼 거래 관계에 대해서 판단한다. 출입 관계를 보는데 윤기가 흐르고 밝은 황미색을 띠면 관운과 재물이 따른다. 나쁜 색이 있을 때는 좋지 않은 결

범죄 관상 기록

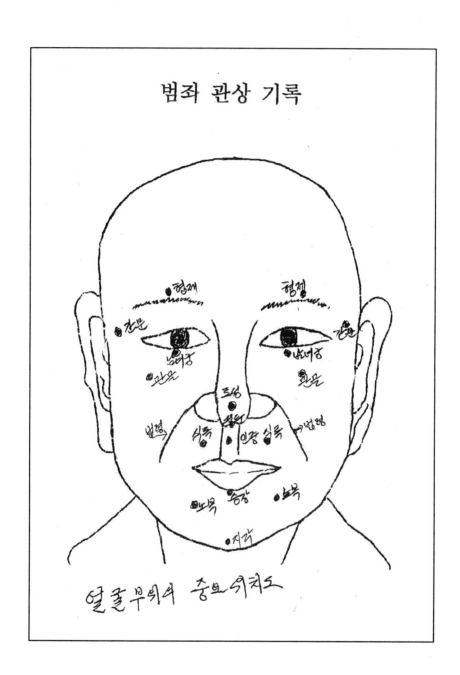

얼굴부위의 중요 위치도

- 28 -

과로 실패하고 큰 손실을 본다. 밖에 나가 출입
을 하더라도 이동하는 데마다 나쁜 일이 생긴다.

⑤ 주골 : 나쁜 빛이 나타나면 자기의 주인이나 친한 윗사람
에게 흉사가 있다. 비슷한 주골 모양을 가진 사람
은 성격도 비슷하다.

⑥ 일각월각 : 부모 중에 황윤색을 띠는 이가 있으면 피부에
윤색이 흐르며, 본인과 부모에게 좋은 일이
생긴다. 자기의 양친에 윤기가 없는 빨간 빛
이 나올 때는 어버이나 손위에 대하여 재난
이 일어난다. 일월에 흑색이 나올 때 양친과
윗사람은 이별, 실패, 손실 등이 따른다. 푸른
색과 거무스레한 색이 나타나면 부모가 사망
한다.

⑦ 인당 : 인당은 명국이며 평평해야 하고, 살이 좀 쪄야 한
다. 인당이 밝고 윤기가 나면 일에 막힘이 없다.
자기의 희망이 성취되느냐 못하느냐를 판단하고,
좋은 빛은 좋고, 나쁜 빛은 나쁘다. 막힘이 뚫리
면 좋은 운이 들어와 재앙이 변하여 길상으로 만
사형통에 이른다.

⑧ 산근 : '병에 걸렸는가'를 보는 동시에 가정 안의 일에
대해 감정한다. 산근이 푹 꺼져 있으면 질병으로 고
생하고 부모와 인연이 없으며, 형제자매운도 없다.

범죄 관상 기록

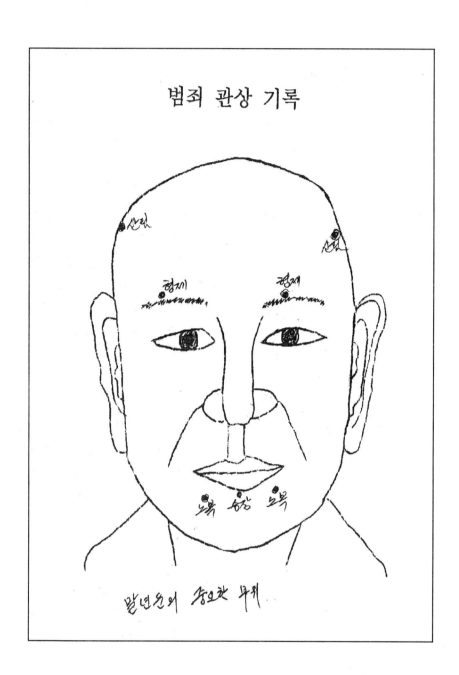

⑨ 교우 : 친구에 대한 판단으로, 나쁜 빛은 현재 친구에게
  어려운 문제가 있다는 것이다. 거무스레한 색이
  나오면 언제나 위험에 처한다.

⑩ 복당 : 돈에 대한 판단으로, 좋은 빛을 띠면 금전상의 커다란
  기쁨이 온다. 준두가 곧으면서 살이 감싸고 아름다워야
  금전운이 좋으며 벼슬길에 나갈 수 있다. 밝은 자주색
  이 나오면 재물과 자동차, 땅, 부동산 등이 들어온다.

⑪ 전택 : 눈썹과 눈 사이로 현재 운세의 강약을 판단한다.
  좋은 빛은 운세가 좋음을, 나쁜 빛은 일이 순조
  롭지 못함을 나타낸다. 전택은 땅과 집으로, 검푸
  른 색이 들어오면 질병에 걸린 자는 죽는다.

⑫ 처첩 : 배우자 혹은 여성에 대하여 판단한다. 나쁜 빛이
  나타나면 여자에 대한 고통이 따라온다.

⑬ 간문 : 좋은 색이 나타나 있는 사람은 불륜의 여자 일로
  기쁨이 일어나고, 윤기가 없는 빨간 빛이 나올 때
  는 불륜의 여자 일로 재앙이 있을 것다. 아내 이
  외의 다른 여자도 판단한다.

⑭ 남녀궁 : 자손보다 손아래의 일에 대하여 판단한다. 나쁜
  색이 나타나면 자손이나 손아래의 일로 커다란
  고통을 받는다.

범죄 관상 기록

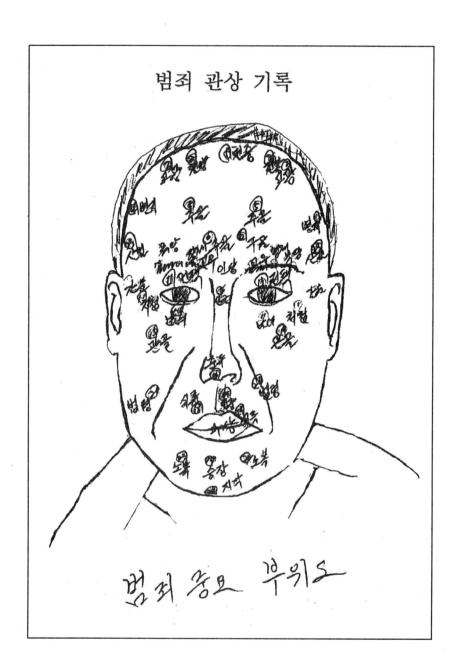

⑮ 관골 : 사회에 관한 일과 타인의 일에 대하여 자기와의 관계를 본다. 명문 부위에 연분홍 기미 같은 빛이 있을 때는 여자 때문에 고생이 많을 것이다.

⑯ 준두 : 준두가 검은 색이면 감옥에 가거나 질병에 걸린다. 자기 자신의 일을 판단하고, 좋은 빛은 좋고 나쁜 빛은 나쁘다.

⑰ 인중 : 인중에 거무튀튀한 색이 나오면 일주일 안에 죽는다. 자기의 희망이 성취 되느냐 안 되느냐를 본다. 인중의 홈이 깊은 동안은 좀처럼 운이 트이지 않는다. 자기 운세의 강약을 볼 수 있다.

⑱ 식록 : 현재 부모의 뒤를(가업) 있는 것이 좋은지, 나쁜지를 판단하고 상속 일도 판단한다.

⑲ 승장 : 병자의 약을 잘못 쓴 것을 판단하며, 오장육부를 관찰하고, 식중독에 대해서 판단한다. 승장이 거무스레하면 술에 취하여 익사한다.

⑳ 지각 : 주택에 대하여 판단하고 좋은 빛은 집안에 경사가 있다. 황윤색이 나타나면 윤기가 흐르고, 전답, 부하, 자동차가 생긴다.

㉑ 법령 : 현재의 직업 상태의 길흉이 나타난다. 직업상의

경사스런 일로, 밝은 황은색이 나타나면 벼슬을
얻고 복이 들어온다.

㉒ 노복 : 자기의 부하 운이나 손아래 사람의 일을 판단한다.

㉓ 산림 : 조상의 재산에 대하여 선악을 구별한다. 이곳의
색깔이 밝으면 귀인을 만나고 출셋길이 열린다.

㉔ 형제 : 눈썹에 사마귀나 흠이 있는 사람은 자기의 육친이
나 친척과의 인연이 희박한 상이다. 나쁜 빛은 친
척에게 나쁜 일로 나타난다.

6. 호흡의 길흉

<의경>에서 말하기를 「한 번 호흡(내 쉬고 마시는 것)을 일식(한 번 숨 쉬는 것)이라 하는데 보통 사람이 하루에 일만 삼천 오백 번을 숨 쉬는 지라. 이제 사람의 호흡함을 살펴보건대 빠르고 느린 것이 똑같지 않아서 혹 급히 숨 쉬는 이는 열 번 쉬는 동안 느린 자는 일곱, 여덟 번에 지나지 않는데 늙고 살찐 사람은 빠르게 쉬고, 어린이와 여윈 사람은 느리게 쉰다. 그러므로 아마 옛 사람의 말이 이치를 다하지 못하는 것 같다. 대개 호흡은 얼굴 표면으로 나타나는 것이므로 호흡을 보아 길하고 흉한 징조를 알 수 있다. 그 흩어짐이 터럭과 같고 그 보임이 마치 서속알 같아 바라보면 형체가 있으나 만져도 자극이 없는 것이니 진실로 정밀치 못한 마음으로 이를 살피면 화복을 추정하지 못한다. 기는 나가고 들어옴에 소리가 없으므로 귀로 들어도 살피지 못한다. 혹 누워 자는 숨소리가 들리지 않는 이는 거북이 숨이라 하고, 숨 쉬는데 기가 넘쳐 몸까지 흔드는 사람은 멀지 않아 죽음을 당할 징조이다. 맹자는 만종이나 되는 녹봉도 마다하였으니 능히 기를 기른 인물이다. 욕심에 어두워 이익을 탐하고자 억지로 힘쓰는 자는 그 색과 기를 사납게 하는 자이니 또한 어찌 말할 필요가 있으리오.」라 하였다.

시에서 말하기를 「기는 곧 형의 근본이라. 잘 살피면 밝고 어리석음이 나타날 것이니 소인은 급하고 방정맞으며, 군자는 너그럽고도 차분하다. 사납게 거슬리면 재앙이 따를 것이요, 기가 깊고, 침중하면 식복이 풍부하다. 누가 삼공, 보상을 헤아려 알 것인가? 너는 호해지사를 중히 여겨도 받을 능력이 없다.」 하였다.

제2장

범죄관상학의 각론

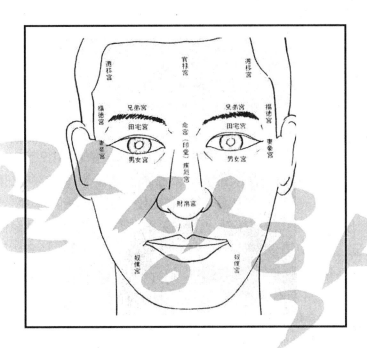

제2장 범죄관상학의 각론

　범죄관상학의 각론은 청, 황, 백, 적, 흑의 다섯 가지 색을 보는 찰색론이 가장 중요하다. 오색으로 보지만 오색 중 적색은 일반 자색과 구별하기가 하늘과 땅 차이다. 왜? 생사가 달려있기 때문이다.

　"범죄관상학"은 황제내경, 영추경, 의명학도 포함하고, 명리학, 수상학, 심리학, 자연과학 등까지도 견주어 보아야 한다. 찰색에 있어서 머리털 한 올, 한 올까지 어느 색으로 변했는지를 찾아내야 하며 머리털이 뻣뻣한지, 가늘고 부드러운지, 윤기가 나는지 안 나는지, 머리카락이 어느 방향으로 감기는지, 눈썹이 새까맣고 가지런히 나 있는지, 손질을 안 해도 되는지를 살펴야 하며, 이마가 탁하고 황색인지, 몽색 또는 검은색인지, 붉은색 또는 흰색인지, 푸른색 또는 검푸른 색인지를 다 감정해야 한다. 그래야 올바른 판단이 나오기 때문이다. 가령 눈썹 속의 점 하나라도 놓치면 운명은 천지현격의 차이가 나올 수 있다. 그리고 관상학은 봄, 여름, 가을, 겨울의 사계절 기운이 다르고, 기후 변화에 따라서도 다르다.

　때론 체상으로 손발이 가지런한지, 울퉁불퉁한지, 손마디가 짧거나 긴지, 손발톱이 붉은지 검은지를 세심하게 살펴야 한다. 눈썹, 눈동자, 눈 속 깊이까지도 헤아려 세심하게 관찰하고 또 관찰해야 한다. 안경뿔테 속에 감추어진 병자가 "점 하나" 때문에 여자의 인생을 망친 경우를 보았다. 점 하나를 안경 속에 감추려고 했던 것은 병자 정○○이 42세에 산근의 옆 점 하나로 사람의 명운과 길흉을 판단하는데, 정신 안정이 안 되고 명궁(산근)의 옆에 있는 점은 특히 좁은 사람이라 살아 날 가능성이 없었으며, 그리고 2달 후에 공직을 그만두고 낙향하였다. 육친과 친인척의 인연이 끊어져 희박하고 살아날 가능성이 없었다.

범죄 관상 기록

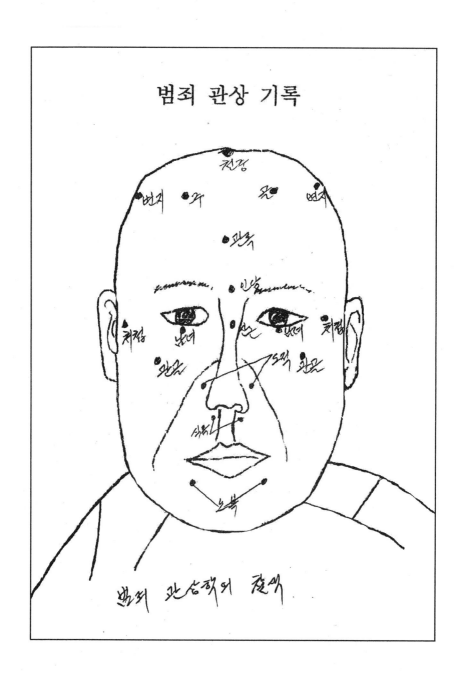

범죄 관상학의 고찰

1. 범죄 관상학과 의명학

<몸의 안과 얼굴 밖에 먼저 전하는 질병의 신호>

병은 도둑처럼 부지불식간에 찾아오지 않는다. 먼저 관상에 소식을 전하게 되어있다. 선전포고로 전쟁의 시작을 알리는 적처럼 소식을 먼저 면상에 전하여 대비하게 하니 교만하거나 혹은 착한 도둑 같기도 하다. 거미줄처럼 온몸에 분포한 핏줄, 힘줄, 신경선 등등을 통하여 어느 곳에 병이 들라치면 전화만큼이나 빠른 속도로 몸의 안과 얼굴 관상에 신호를 보내 쳐들어 올 병마에 대비하게 하니 말이다.

모든 질병의 원인은 오장육부로부터 발생하고, 청, 황, 백, 적, 흑, 미, 자, 홍의 여덟까지 소식으로 재빠르게 몸의 안과 얼굴 관상 밖에 전해진다. 몸속에서 느껴지는 아픔이나 혹은 이상한 색깔과 기미가 그러하다. 얼굴과 피부와 발톱이상 징후라든지 눈, 귀, 코, 입, 얼굴, 허리, 무릎, 목, 어깨, 팔 하다 못해 머리카락 한 올의 변색까지 오장육부 중 어느 하나에 이상이 생기다면 이는 곧 병마에 대비하라고 보낸 신호이다. 이상한 기미 내지 몸 밖 여러 곳에 발생한 뜻밖의 현상을 보고 즉시 오장육부를 치료하면 위험한 병에 걸리지 않을뿐더러 건강하게 오래 살 수 있다.

<관상학이 예방의 최선책>

수천년이 지난 지금까지 천하제일의 명의 자리를 차지하고 있는 편작이 말했다. 중병에 걸려 사경을 헤매는 환자를 치료하면 '보통의사'이고, 가벼운 병을 치료하여 중병을 앓지 않게 하는 의사가 명실 공히 '명의'이며, 가벼운 병마저 앓지 않게 예방하는 의사가 '신의'라 하였다. 그러니까 몸 안과 얼굴 밖에 나타난 이상 징후를 알아차리고 병이 깊어지기 전에 재빨리 치료하는 의사가 진정한 '명의'인 것이다. 시기를 놓치고 난 뒤면 깊어질 대로 깊어진 중병을 고치기도 어려울 뿐더러 고쳐봐야 망가질 대로 망가진 몸은 심하게 파손된 자동차와 같아서 온전하게 오래 보존하지 못한다. 이런 의사는 그저 그런 의사에 지나지 않을 것이다. 병의 결과만 보고 치료하는 요즘의 의술에 의탁하기보다는 자기 몸은 자기가 살피는 것이 좋을 것 같다. 자기 몸에 발생하는 이상 징후와 얼굴변화 또는 심리변화는 자기 자신이 가장 잘 알테니 말이다. 몸의 안과 밖에 발생한 이상 징후를 알아차리고 어느 장부가 병마의 침입소식을 급히 보냈는지 그 관상을 알아두면 스스로를 위한 명의가 될 수 있을 것이다.

오장육부에 침입한 병마가 어떤 전이과정을 거쳐서 중병을 앓게 하고 종내는 죽음을 맞이하게 하는지부터 먼저 알아보는 것이 순서일 것 같다. 어느 오장이든 병이 들면 그 장부에만 머물지 않고 다른 장부로 옮겨가서 중병을 앓게 하는 경우가 대부분이기 때문이다.

얼굴에 나오는 색은 청, 황, 백, 적, 흑의 다섯 가지이다.
이것은 세분하면 청, 황, 적, 백, 흑, 미, 자, 홍의 여덟 가지
색이 된다. 얼굴에 나오는 색을 혼합하여 여러 가지 색을 만
든다.

① 청, 자, 백의 삼색이 섞여서 나타나는 때는 이것을 몽색이
라 하는데 마치 연필 깎은 가루를 손가락 끝으로 문질러 엷
어진 빛과 같다. 그래서 이 빛을 걱정, 고생, 크게 놀랄 일이
라고 판단한다.

② 암색은 몽색을 조금 진하게 한 빛인데 몽색과 같이 본다.
적색은 윤기가 없을 경우만 판단하고 재앙이 있을 관상으로
보며, 흑색은 암색의 진한 것이고 부모, 형제 이별이라든가
주택, 사업 등의 파괴를 의미한다.

③ 황윤색과 황미색은 연분홍 가운데 노랑을 가지거나 황색
위에 엷은 광택을 가진 빛을 말하고, 기분을 나타내며 좋은
일이 닥칠 것으로 판단한다.

④ 박청색(청백색)이고 광택이 없을 때는 걱정, 고생, 놀랄
일이 생기고, 흑색이고 광택이 없을 때는 큰 실패나 이별 또
는 재난을 의미하며, 광택이 없어는 적색은 재난을 당할 수
있다.

⑤ 황미홍색이라도 광택이 없으면 기쁜 일이라고 보지 않고
고생이나 걱정이 있을 것이며, 광택이 있으면 크게 기쁜 일이
있을 것이다.

혈색에는 광택이 있는 것이 얼마나 중요한지 설명하였다.
자기가 본 빛이 광택이 있으면 본 대로의 빛이고 광택이 없
으면 의미가 바뀐다는 것을 반드시 기억해야 한다.

범죄 관상 기록

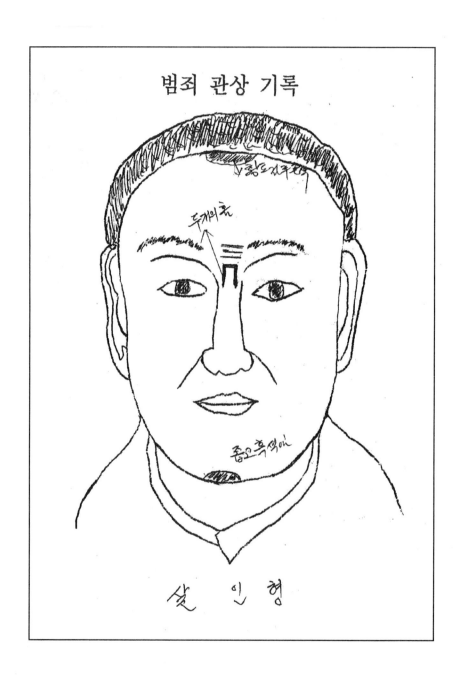

2. 범죄 관상학 유형별 11대 범죄형

(1) 살인형

남, 여 모두 머리가 총명하지는 않다. 운이 없고 막혀 있으면 쉽게 잡히나 운이 트여 있으며, 얼굴이 맑고 윤기가 나면 살인형이라도 쉽게 잡히지 않는다. 저자는 15~20년 후에 잡히는 걸 보았다. 코 중에 남, 여 들창코는 하나 둘씩 있다. 혓바닥은 약간 두텁고 짧으며, 남, 여 공히 언변의 달인이다. 신체부위를 보면 뒷꼭지는 뭉툭하게 생겼다.

황장엽 노동당 비서를 암살하려고 온 남파간첩 동OO은 체형이 날씬하고 키가 175~185cm 사이이며 단단한 체격에 호리호리하고 머리카락이 반 곱슬머리였다. 양 엄지발가락, 엄지손가락 위에 반드시 털이 8~9개씩 나 있다. 여자는 숱이 새까맣고 엉켜있고 칙칙하며 뻣뻣하다. 남녀 이마와 천정부위는 좁고, 늘 어두우며 황토 · 검푸른색을 띤다. 지각(턱)은 마른편이며 뾰족하고 짧다. 턱이 두툼한 사람은 한 명도 없다. 음성도 맑지 않고 약간 탁성이다. 이렇게 범죄 관상학적으로 보면 백발백중 틀림이 없다.

살인형은 대부분 감옥에서 살 팔자이며, 감옥에서 나와도 금방 특수강도, 강도상해로 잡혀 들어간다. 사람을 2명 죽이고 들어온 65세 무기수 손OO는 인당과 산근 사이에 일직선으로 선명하게 홈이 파져있어 그의 관상을 보고 몇 년 몇 월 며칠에 잡히지 않았느냐고 물으니 웃으면서 그렇다고 하더라. 지금 현재 25년 징역을 살았고 두 명을 강도, 강간, 살인 한

자였다.

살인형의 아름다운 사람은 어떤 사람인가. 바로 정수리를 볼 수 없고 정수리뼈가 견고하며 이마가 넓고 평평한 사람이다. 눈썹이 높고 길며 초승달 같고 감색의 유리빛깔이며 눈이 넓고 길다. 코가 높고 둥글고 곧으며 귀가 두텁고 넓고 길다. 몸이 견고한 것이 힘이 장사인 천신과 같다. 손가락과 발가락을 붙이면 틈이 없고 손가락과 발가락이 점점 가늘어지며 둥글다. 손발톱이 붉고 길며 뾰족하게 튀어나와 있다. 말쑥하고 부드러우며 발목이 급격하게 가늘거나 돌출되어 있지 않고 발가락 10개의 끝이 고르다.

저자는 살인형을 100여명 넘게 보았으며 그 중에서 90% 이상의 사람들을 만나서 통계학적으로 정확하게 글을 썼고, 근거리에서 직접 생생하게 보고 썼기 때문에 살인형을 어느 책보다는 십중팔구 쉽게 찾을 수 있다고 본다. 여자는 가파른 곡선과 낮고 좁은 것이 표준 얼굴형이다. 성격은 유순하고 상냥한 여자다운 사람이라고 보지만 그렇지 않다.

(2) 방화형

　김OO(53세)는 방화범이다. 방화형의 눈은 가늘며 실눈에 노랗게 충혈이 돼있고, 눈썹보다 눈길이가 짧다. 눈썹과 눈 사이가 좁고, 남, 여 공히 일자미며 눈썹이 길다. 눈썹은 가지런히 있지 않고 듬성듬성 하나 둘씩 나 있는 모양이다.

　방화형은 이마가 평평하지 않고 고르지도 않으며 굴곡이 있어 기품이 없다. 눈썹이 자연스럽지 않고 정상적으로 털이 나있지 않아 들쭉날쭉하고 얇고 길다. 코는 일직선으로 날카롭게 내려와 있으며 약간 위로 콧구멍이 벌어져 있고, 들창코처럼 날름날름 거린다. 혀는 짧고 입술은 얇다. 입 속이 길지도 않다.

　방화형은 술을 먹으면 성질부터 부리는 괴팍한 면이 있다. 조급증이 심해지고 소화불량으로 화장실을 잘 찾는다. 혓바닥에서 나오는 음성이 맑은 것 같으면서도 탁성이다. 몸매는 뚱뚱하지도 않으나 마른 체격도 아니며 호리호리하고, 손과 발 근육이 굉장히 발달돼 있다.

　남자 김OO(53세) 방화범이 손바닥으로 필자의 등짝을 살짝만 쳐도 굉장히 아팠다. 마음은 언제나 불안하고 모든 사람들에게 섬뜩섬뜩 두려움을 느끼게 한다. 그러면서 두통약을 달고 산다. 몸매가 매우 사랑스럽지 않고 부드럽지도 않으며 다가서면 고약한 비린내 냄새를 맡을 수 있다. 몸의 털은 팔다리가 듬성듬성 나있고 털이 거칠고 돼지털과 같이 엉켜져 오른쪽으로 감겨있다. 목욕할 때 몸을 보면 끈적끈적하고 살빛깔이 어둡고 온몸이 황색 같으면서도 검푸른 색을 띤다. 지

범죄 관상 기록

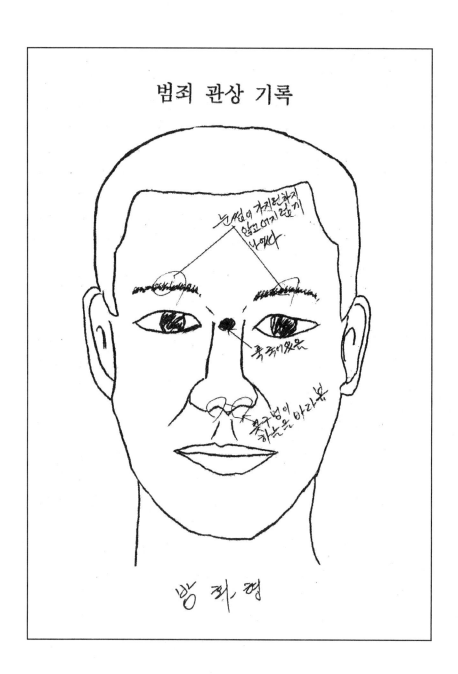

각(턱)이 삼각형이며 뾰족한 것이 남,여 동일하다. 손발이 뭉툭하고 손발가락이 길지 않고 가지런하지도 않다.

어느 날 운동장에서 남자 67세 김영감이 자기가 옛날 외항선원이었을 적 이야기를 저자한테 했다. 얼굴관상을 보니 25년 전 42세에 죽을 운이었다. 그래서 42세에 방화로 죽었다 살아남지 않았느냐고 물으니 그러하다고 했다. 그러면서 저자한테 어떻게 25년 전 일을 아느냐고 묻기에 관상을 보니 42세에 방화로 죽었다. 살아남지 않았느냐고 재차 물으니 그렇다고 대답했다. 방화로 죽을 뻔 했으나 전생에 선근을 많이 쌓았고 적선음덕을 많이 했으니 그렇게 구사일생 살아남았으니 수명장수를 하겠다고 저자가 화답을 했다. 자세한 말씀인즉, 김영감이 외항선원으로 20년간 외항선 배를 탔는데 그날따라 싱가포르항구에 정박해서 LPG 25통을 실고 노르웨이 선원 10명과 한국선원 37명이 함께 싱가포르 항구에 정박중이였는데 노르웨이 선원 중 1명이 불평불만이 가득하여 가스통에 불을 질러서 노르웨이 선원 10명과 한국선원 37명 중 36명, 총 선원 46명이 가스통이 터져 폭발해 현장에서 즉사하였고 혼자만 살아남았다는 것이다. 배는 산산조각이 나 침몰했고 자기는 눈을 떠보니 병원이었다고 말했다. 그런데 그 사람 김영감(67세)은 42세 운(산근)이 왼쪽에서 오른쪽으로 금이 두 줄로 그어져 있어 이미 이 세상 사람이 아닌데 했는데 자세히 살펴보니 이목구비에 선근이 많이 심어져 가득 차 있는 것을 보고 놀랐다.

방화범의 아름다운 사람은 어떤 사람인가? 몸이 무너지지 않고 몸의 뼈마디가 굳건하고 조밀하다. 뒤를 향해 돌아설 때는 코끼리의 왕과 같고, 몸에 빛이 흐르매 몸이 고르고 반듯하다. 언제나 젊어서 잘 늙지 않는다. 몸에 늘 윤기가 흐른다. 다른 사람의 힘에 기대지 않고 스스로 몸을 잘 지킨다. 걸음 걸이가 코끼리 왕과 같고 사자 황소와 같이 품위 있게 걸으며 시계방향으로 걷는다. 무릎이 둥근데 어떤 쪽에서 보아도 아름답다. 또한 남근이 잘 발달되어 있고 배꼽에 난 선들이 끊임없이 이어져 있다.

(3) 특수강도형

범죄 관상학에 관하여 우리는 몇 년 전의 선입견으로 어떤 사람을 두고 평가한다. 이 얼마나 무모한 판단인가. 그 사람은 공간과 시간의 변화에 따라 이미 옛사람이 아닌데 현재의 그 삶을 전혀 모르면서 몇 년 전의 고정관념으로 판단하려 든다. 그 인물의 마음자리가 변해서 얼굴도 항상 인자하며 성을 내지도, 두려움도 모르는데 말이다. 간장, 심장, 비장, 폐장, 신장 등이 건강하며 용서할 줄도 알고 미워하거나 증오하지도 않는데 말이다.

얼굴은 내 광고판이다. 우리들은 병 없이 건강하게 오래 살려면 간장과 신장에 기혈이 잘 흐르도록 음식을 골고루 섭취해야 한다. 소화, 내장기능이 원활하고 피부에 검은 잡티가 없으면 아름답고 부드러우며, 악한 마음은 얼굴이 일그러져 평화롭지 못하고 분노가 극에 달하면 살생도 불사한다. 오장육부에 위험한 병이 걸리면 사람의 마음은 관상에 전부 나타난다.

사람들에게 소름끼치는 특수강도형에 대하여 특별히 당부한다. 특수강도는 제일 먼저 등 위에 털이 나 있고, 오른손, 왼손의 양 엄지손가락 위에, 양 엄지발가락 위에, 또 엄지, 검지, 중지에 털이 8~9개가 나 있다. 또 눈이 움푹 들어가 있으면 101% 특수강도형이다. 이것은 관상과 별개로 체상의 문제이다.

특수강도는 전형적인 문제수로 쌍무기징역을 살고 있는 신00을 보면, 턱수염이 까맣고 잘 자라며 지각(턱)은 두툼하나 삼각형으로 약간 두텁다. 뚱뚱한 체질은 10%이고 여위고 호

범죄 관상 기록

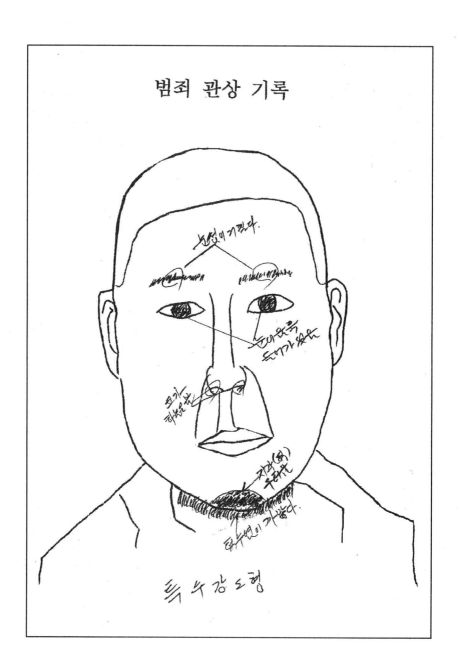

리호리한 체형이 90%이다. 신OO은 몸 몇 군데에 문신을 하고 있으나 아직도 정신이 맑고 팔팔하다. 특수강도 신OO은 영원히 사회와 격리되어 살아야 할 것이며, 쌍무기징역 신OO은 몸에 털이 수북하고 새까맣게 나있고 눈을 감고 앉아있으면 보기만 해도 왠지 소름이 끼치고 두렵게 느껴진다.

29세 한OO 특수강도는 눈썹이 삼각이중형(^^)으로 가지런하지 않고 일자미(-), 삼각미(^)의 절충형이었다. 눈썹이 중간에 끊어지고 짧고 거칠면서 끝이 뭉쳐있다. 20~30세 특수강도는 이마가 넓고 맑으며 얼굴에 개기름이 번지르르하다. 식탐이 너무 많고 위아래 차서가 없고 이기주의고 모든 것이 자기중심적이다. 탐욕으로 온몸이 힘차게 뭉쳐있다. 구렁이 뱀처럼 똬리를 틀고 앉는데 뒷목덜미가 2중으로 약간 툭 튀어나와 있다. 귓불이 두툼하고 동그랗게 뭉쳐있으며 두 번째, 세 번째 천륜과 이륜이 뒤로 쳐져있으면 총명하고 영악하다.

신OO이 접견실에 있어 만났다. 특수강도로 쌍무기수인 신OO은 말이 적고 점잖게 보였다. 짧은 스포츠머리에 이마가 고르지 않고 넓어 보인다. 눈은 보통사람과 비슷하나 전체적으로 보면 황토·검은 색이었다. 평생을 쌍무기징역으로 감옥에서 보내야할 형편으로 누가 봐도 처량하게 보이며 평생을 감옥에서 보내야 한다.

50대 이후 특수강도는 혀가 두텁고 언변이 좋으며 남의 약점을 잘 들추어내면서 시비를 잘 건다. 그런데 손, 발등에 깨진 병으로 손등어깨를 긁어서 상처가 나있는 자 담배자국이 손등에 10개 정도 있는 자는 틀림없는 전과3범 이상인 자로 조심해야 한다. 성격이 굉장히 괴팍스럽고 한 번 필이 꽂히면

범죄 관상 기록

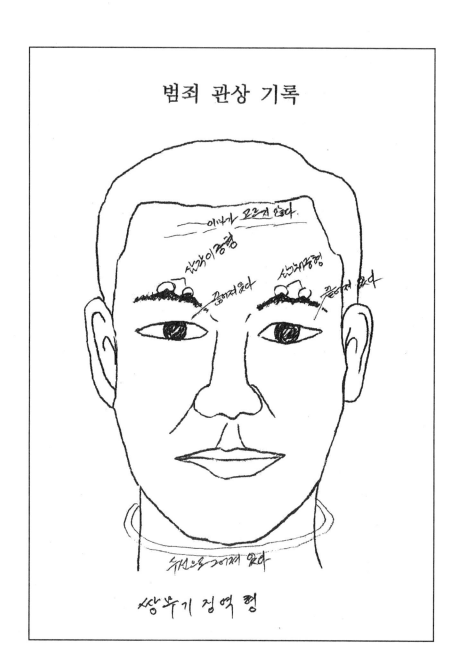

이마가 모르쳐 있다.

산가이경형

산거경형

쭉해져있다

끌어져있다

수선으로끌어져있다

쌍무기 징역 형

살생을 불사하고 달려들며 마음이 넓지 못하고 음흉하여 여자미인들을 좋아한다.

귓불이 3개 뒤로 쳐져있는 사람은 머리 두뇌회전이 무척 빠르고 임기응변에 능수능란하고 핑계를 잘 대며 금방 탄로 나더라도 둘러내기를 잘하고 법꾸라지들처럼 모든 범죄에서 잘빠져나간다.

특강의 말은 99%사기꾼과 마찬가지로 거짓말에 가깝다. 이런 특수강도형 신00과 한00은 평생징역살이나 감옥에서 살 팔자로 개과천선이 어려우며 인연을 짓지 말기를 바라며 인연을 맺으면 평생 골치 아프다. 절대 가까이 하지 말고 속히 인연을 끊고 말을 삼가야 한다.

특수강도, 강간으로 무기형을 선고 받은 김00을 장기복역수로 징역에서 8년 이상을 살아온 터라 얼굴전체가 맑고 5년 이상 살면 대개가 천사처럼 얼굴이 맑다. 이마는 고르지 않으며 절벽형이 많고 눈은 틀림없이 늑대 눈이다. 눈썹은 눈보다 길며 거칠고 가지런하지 않다. 눈은 밝으나 여러 사람들을 경계하는 눈초리로 바라본다. 눈썹과 눈 사이가 좁아지고 부모, 형제, 친척들과 인연이 없으며, 눈 밑의 와잠도 고르지 않고 코가 줄기차게 막대기처럼 뻗어 내려와 음흉한 미소를 짓는다. 마음은 여러 사람들을 생각한 것 같으나 겸손치 않고 얼굴을 뚫어지게 바라보면 검은 푸른색이 전체 얼굴을 감싸 돌고 있다. 이런 형은 어린 시절 소년 교도소와 대인 교도소를 들락날락하면서 한방에 큰 것을 누리다가 잡혔다고 투덜댄다. 인연을 맺으면 골치 아프다.

특수강도에 아름다운 사람은 어떤 사람인가. 몸이 갖춰야할 모든 덕목을 고루 다 갖추고 인식작용을 원만하게 잘 갖췄다.

생김새와 몸가짐이 훌륭하고 위덕이 멀리까지 미친다. 일체를 정면으로 향하며 등지지 않는다. 어느 곳에 머물더라도 그 자세가 평화로우며 위태롭게 흔들대지 않는다. 얼굴의 크기가 크거나 길지도 않게 알맞으며, 얼굴이 넓고 평평하다. 배꼽이 깊으며 배꼽에 오른쪽으로 도는 털이 하나 자라나 있고 넓적다리라 팔이 코끼리 몸통과 같다. 몸의 비율이 잘 맞으며 몸이 위로 올라갈수록 발달되어 있다. 몸매에 대해서도 자세하게 설명하자면 몸이 멋지고 마르지도 않고 호리호리한 몸매에 뚱뚱하지도 않고 주름살이 없다.

(4) 특수절도형

　자기 몸에 발생하는 이상 징후와 심리변화는 자신이 가장
잘 알 것이다. 몸 안밖에 나타난 것을 거울을 보고 판단하면
스스로를 위한 명의가 될 수 있을 것이다.
　오장육부는 병을 유발하는 나쁜 물질이 침범했을 때 금방
밖으로 신호를 보낸다. 병마의 신호가 강력하다면 심리변화
현상은 더 강력해 진다. 결국 죽음으로 몰고 가는 마음자리는
오장육부라는 사실이며, 마음의 변화 역시 음양오행에 배속돼
환경이 상생상극한다. 이럴 때(관상학적으로 본 범죄를 일으
키는 가정-추후 발간-) 돈이 궁핍하면 곧바로 담장을 넘는
것이 특수절도형이다.
　특수절도형은 머리가 총명하지 않고 그 모양은 둥근 보름
달 같지 않다. 또 우아하지 않고 이마가 좁으며 기품이 없다.
양 눈썹이 미간에서 얇게 간문(눈꼬리)으로 두껍게 퍼져 나
가면서 좋지 않은 상이다. 양 눈썹이 뻣뻣하게 두 줄로 끊어
진 자는 반드시 범법자로, 정상적인 순서로 몸 털이 나있지
않으며 중간이 끊어져 있고 얇고 짧다.
　특수절도형은 몸이 부드럽지 않고 거칠며 빛깔이 어둡고
끈적끈적하며 얼굴이 원만하게 잘 생기지도 않았고 준수하지
도 않다. 몸과 배에 난 털은 그 길이가 불규칙하며 거칠고 부
드럽지 않다. 머리카락이 새까맣고 칙칙하여 산뜻하지도 않
고, 서로 엉켜있으며 그 길이 또한 일정치도, 가지런하지도
않는다. 눈에 보이는 사람 중에는 얼굴과 몸매가 보기 좋은
사람도 한 둘은 있지만 거의가 화려하지 않고 생김새가 형편
없는 꼴인데 이는 물질이나 겉모습에 너무 집착하기 때문이

범죄 관상 기록

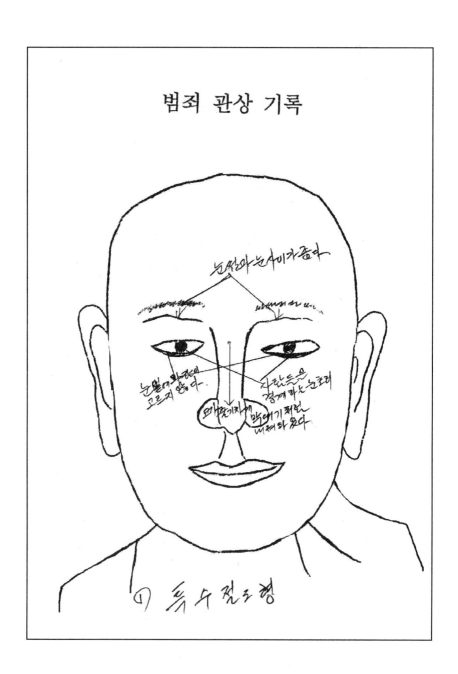

다.

털이 배꼽부터 윗가슴까지 수북하게 나 있어 소름이 끼칠 정도이며, 배꼽이 깊지 않고 몸의 비율 또한 잘 맞지 않는다. 걸을 때는 어깨가 항상 축 늘어져 있다. 몸매의 자세가 불완전하고 얼굴에 주름살이 많으며, 사마귀나 검은 주근깨, 기미 같은 것들이 귀 밑으로 많다.

손금은 사방팔방으로 끊어져 있고 이리저리 갈라져 있어 특수절도 김00과 신00처럼 금방 고생할 손금이란 것이 나타난다.

특수절도형에서 귀한 관상과 손금이 좋은 사람은 한 명도 보지 못했고, 신00처럼 감정선과 두뇌선이 아주 발달한 사람도 처음 봤다.

범죄 관상 기록

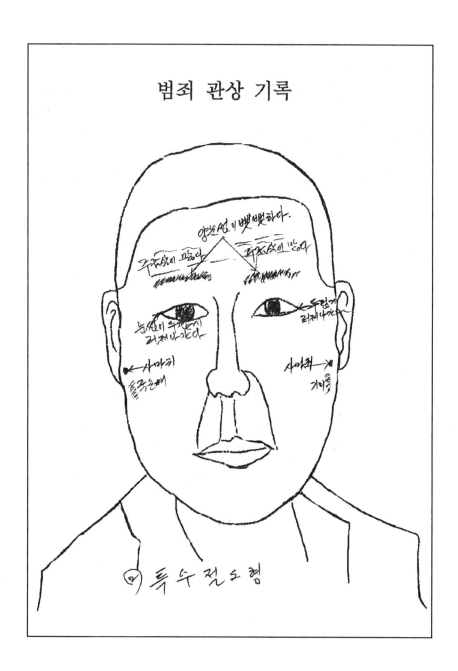

(5) 폭력형

얼굴이 잘생겼다. 머리카락은 가지런하고 가는 사람이 10% 정도로, 일반적인 머리가 90%이며 돼지털로 서로 엉켜있다. 목소리는 미성으로 무슨 노래든 잘 부른다. 준두(콧등)가 돼지 코처럼 위로 올라가 쳐져있다. 코는 참 어리석게 들창코처럼 볼품이 없다. 이는 남녀 동일하게 마찬가지이다. 동양인과 서양인 모두 비슷하며 서양인은 털이 많아 들창코처럼 볼품이 없다. 인중은 깊이 푹 파이지 않고 두툼하나 성폭력은 매부리코가 90% 이상이다.

20~30대 성폭력범은 얼굴은 매우 밝으나 (3~5년 수용생활 때문에)기가 약하다. 50~60대 성폭력범은 다리 걸음걸이가 팔자 걸음으로 특이하다. 폭력형은 고집이 세고 승부근성이 매우 강하며 귀공자 상과 위선자들이 매우 많다. 마음은 넓은 편이나 좁기로는 바늘 하나 꽂을 틈이 없이 지독하다. 손발가락이 두툼하여 짧고 길지 않다.

단순폭력은 손발가락이 짧고 손톱이 짧으며 남근(男根)이 아름답지 않다. 성폭력은 등 뒤에 검은 반점이 많은 것이 특징 중의 특징이다. 특수폭행, 폭력, 공갈은 젊은 층에서 많으며, 특히 20~30대 미만이 많다. 50~60대 특수공무집행방해형, 특수폭행형은 조용한 성격이며 부모와 인연이 없다.

폭력형은 상이 원만하면 상속을 뜻한다. 보통은 가난한집에서 태어난 사람을 말하며 부잣집에 태어난 사람은 전택궁이 넓다. 손톱은 붉은 구리 잎과도 같다. 걸을 때는 발바닥 지문이 땅바닥에 선명하게 찍힌다. 지문이 화려하나 또렷하여 흐리지 않는다. 손의 무늬(손금)가 선명하며 반듯하고 끊어지지

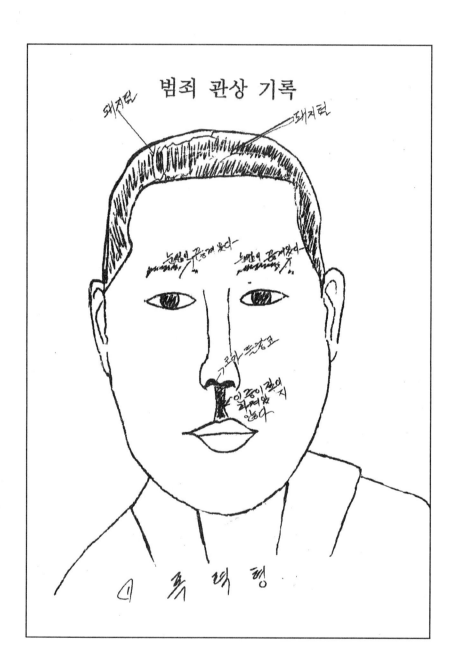

범죄 관상 기록

않았다. 눈과 귀 등 다섯 가지의 감각기관이 아주 깨끗하고, 송곳니가 둥글며 입술이 붉다. 입속이 매우 깊으며 손금은 깊고 또 깊다. 가족이 없고 혼자 떠돌이 생활을 하면서 안정적이지 못하고 불안해한다. 머리카락은 거의 반백이며 이마에 검푸른 색이 흐르고 윤기가 없어 대차지 못한다. 이마가 고르지 못하나 마음은 다소곳하여 굉장히 힘차다.

폭력과 특수폭행으로 들어온 이○○는 눈썹이 완전히 흰색이며 미간과 미간 사이가 넓고 산근이 아름답다. 눈썹과 눈 사이의 전택궁이 넓어 상속도 많다. 전택궁이 부어 오른 듯하여 주택이나 친구사이가 원만한 정○○ 같은 특수폭행형도 있다. 전택궁이 부어오르면 이 사람은 엄청난 불효자다. 평생을 통하여 한 번은 큰 실패를 하고 고생도 많이 할 것이다. 전택궁이 풍만한 사람은 이상도 높으며 어쩐지 품위가 있고 반드시 노력이상의 성공을 거둘 수 있다. 눈썹이 눈을 덮고 없는 것 같은 사람이 항상 명랑하지 못한 것은 눈썹은 구름이고 눈은 태양이기 때문이다.

범죄 관상 기록

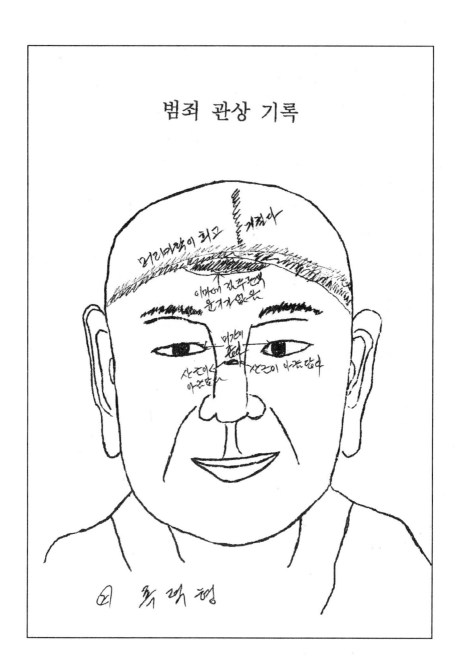

(6) 사기형

사기형은 안경을 끼고 있으면 제일 찾아내기 힘든 형이다. 콘택트렌즈를 끼고 있는 남녀의 관상을 철저하고 세심하게 살펴야 한다. 오장육부에 위험한 병상이 발생하면 사람의 마음이 전부 얼굴 관상에 나타난다. 가장 찾아내기 힘든 형이 사기형이며 희대의 사기꾼 조OO는 안경을 쓰고 있으면 잠잠하여 얼핏 보아서는 전혀 모른다. 더구나 선글라스를 쓰고 있으면 전혀 알 수가 없다.

전체적으로 얼굴형이 갸름하며 양복을 입고 있는 화이트칼라(고급신사) 중에서 제일 많다. 금방 탄로 날 것 같으면서도 잘 안 나지 않는다. 말은 항상 고급스럽고 품격이 있으며 철저하게 세련되어 있어 63세 김OO는 위선을 가장하기 때문에 찰색론 관심법으로 보아야만 보일 정도이다. 얼굴 이마에 항상 윤기가 흐르고 번지르르하며, 얼굴색이 하얗고 맑아 검푸른색이나 검붉은색이 자주 눈이나 이마에 (산림, 변지) 띠지 않아 안경 속의 얼굴을 뚫어지게 쳐다봐야만 보인다.

양 발가락(엄지, 검지, 중지)위에 털이 수북하게 나있고 배꼽까지 차 있는 것이 특징 중의 특징이다. 범죄 관상학의 전문가가 아닌 이상은 외국인이나 내국인들 중에서는 찾아내기가 무척 힘들 것이다. 그러나 사기형도 특징은 있다. 신체부위 중 귓속에 털이 여러 개 나있고 손가락이 무척 가늘며, 엄지손가락, 검지, 중지 위에 검은 털이 7~8개씩 나 있고, 발가락에도 엄지, 검지, 중지에 털이 7~8개씩 또한 나 있다. 발가락은 엄지발가락보다 검지, 중지의 2개가 더 길다.

사기형에 아름다운 사람은 누구인가? 손발이 부드러우며

범죄 관상 기록

사 기 꾼

손발이 불그스레하고 희어서 마치 연꽃과도 같다. 몸에 갖춰야 할 구멍이 다 갖춰졌고 모양이 반듯하다. 걸음의 폭이 너무 짧거나 길지 않다. 손금이 길며 곧바르고, 손금의 생김새가 아름답다. 몸 주위에 둥글게 후광이 퍼져 있고, 두 뺨이 통통하다.

범죄 관상 기록

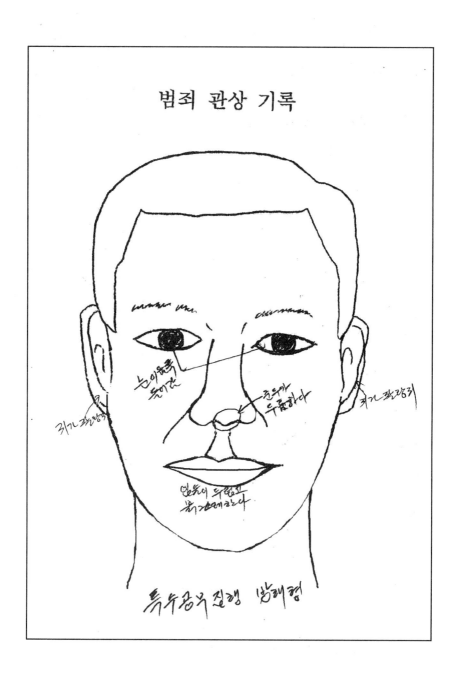

눈이위로
붓이건

귀가 잘라섰기

코두가
우뭏하다

귀가 잘라섰기

입숲이 두껍고
붉게때로다

특수공무 집행 방래형

(7) 특수공무집행방해형

특수공무집행방해형을 보자. 오기가 많고 눈동자가 맑지 않아 눈이 움푹 들어가고 독기로 가득 차 있다. 나름대로 똑똑하다고 판단하나 공권력에 무모하게 도전하는 어리석은 일을 제일 많이 한다.

특수공무집행방해형 45세 김OO은 인정이 많고 도량은 넓은 편이어서 한 두 번은 잘 참아낸다. 그러나 세 번째는 크게 폭발하는 형으로 판단력과 분석력이 싹 없어져버리는 성질이다. 옛 선비들의 가족 중에, 또는 유교학자나 공업계 계열 과학자 중에 특수공무집행방해형이 많다.

성질이 저돌적이어서 족구나 예능 방면에서 탁월하게 두드러진다. 불의를 못보고 의협심이 무섭게 강하며, 투사적인 기질이 많다. 잘 웃고 인정이 넘치며 가까이서 보면 소름이 돋을 정도로 독기가 몸에서 풍긴다.

팔랑 귀가 많으며 귀가 크고 두툼하다. 이륜(풍문)이 벗겨져 있는 사람들은 창조력과 상상력이 굉장히 풍부하다. 코가 일직선으로 두툼하게 내려와 있으나 끊고 맺는 것이 분명하다. 코의 준두가 약간 두툼하며 인중은 홈이 얇고 길다. 입술은 두꺼우나 항상 불그스레한 빛을 띤다. 지각(턱)이 삼각형으로 뾰족한데 이는 운전수나 버스기사, 자영업자 등에서도 볼 수 있다.

손발은 두꺼우며, 손가락은 두툼하나 길지 않고 짧다. 특히 남근(男根)이 큰 것이 특징 중의 특징이다. 특수공무집행방해 51세 이OO가 그렇다. 공무집행 방해형은 대체로 성직자 중에는 승려나 목사, 신부가 몇 명 있으며, 의협심이 강해서 거의 과실범에 가까우며 잘 웃는다. 성직자에게 나타나는 습성으로 보아 안경 낀 사람들이 90% 이상이다. 눈썹 속에 혹이나 점 등이 있고 눈 속의 검은자와 흰자위를 잘 들여다 봐야한다. 그리고 생로병사의 숙명의 명예를 지우는 몸과 마음의 타고난 체질을 잘 살펴서 기혈이 잘 흐르도록 도와주어야 병없이 건강하게 오래 살 수 있다.

특수공무집행방해형에서 아름다운 사람들은 걸음걸이가 편안하다. 배꼽은 길고 두터우며 모양은 반사단(뱀이 뒤집어진 모양)처럼 둥글고 털이 오른쪽 방향으로 돌고 있다. 털색은 푸르고 붉어 마치 공작의 몸과 같다. 털은 윤이 나고 깨끗하며 오른쪽으로 누워있다. 몸의 털과 입에서 아주 좋은 향기가 난다. 입술색은 붉고 윤이 나서 마치 빈바의 열매와 같다. 입술은 윤택하고 위아래가 서로 잘 맞는다. 두 눈은 길고 넓으며 매우 깨끗하고 오색을 잘 갖추고 있으며, 속눈썹은 위쪽을 향해 휘어있다. 혀는 얇고 붉으며 부드럽고, 두 귀는 길고 아름답다. 정맥류가 없으며 정맥이 위축되지도 않았고 튀어나오지도 않았다. 머리는 둥근 양산과 같이 우아하다.

(8) 음주운전, 뺑소니, 교특형(과실범)

음주운전은 손발이 붉은색이며 얼굴이나 코가 예쁘다. 옆에서 보면 붉은 기운이 느껴져 밝고 좋으며 성격은 외향적이다. 눈동자가 붉고 초점이 흐려져 있는 경우도 있다. 이때는 날씨가 우중충하여 저기압 골을 지나 금방이라도 천둥벼락이 칠 것만 같은 느낌이다.

3진 아웃 음주운전은 거의 버릇이다. 음주운전이 불의의 교통사고로 연결될 경우 특별히 사망사고로 이어진다. 그러나 고집이 황소고집이고 무척이나 자존심이 강하다. 머릿속 지식이 꽤나 폭 넓으며 남자들의 경우 대부분 미인들을 좋아한다.

귀가 크고 안으로 감싸여 있으며 뒤로 쳐진 경우는 극히 드물다. 귓불이 가늘게 축 내려와 있으나 귀에 복이 많으니 전생에 선근을 많이 심어놓은 사람이 많다. 머리털은 검고 짙으며 반 곱슬머리가 90% 이상이다. 나머지 10%는 머리카락이 가늘다. 눈썹은 눈동자보다 짧고 삼각미와 와잠미의 두 가지 형상이 있는데, 중간 눈썹이 끊어져 있는 것은 형제나 자매와 사별한 경우다. 인중은 깊고 법령은 입까지 축 내려와 있으며 축농증이나 비염환자가 많다. 코가 두툼하면서도 얼굴 윤곽이 잘 생겼다. 남의 일에 참견을 잘하며 얼굴, 이마 등은 하얗고 윤기가 난다. 지각(턱)은 두툼하니 미남, 미녀형이 많다.

음주운전, 뺑소니, 잘난 사람들은 어떤 사람인가. 이마와 혀는 얇고 모든 것을 즐겁게 본다. 사람의 뜻에 따라 온화하고 기쁘게 말을 건넨다. 언제 어느 곳에서라도 누군가를 만나면 먼저 말을 건넨다. 언제, 어느 곳에서라도 선한 말만 한다. 음

범죄 관상 기록

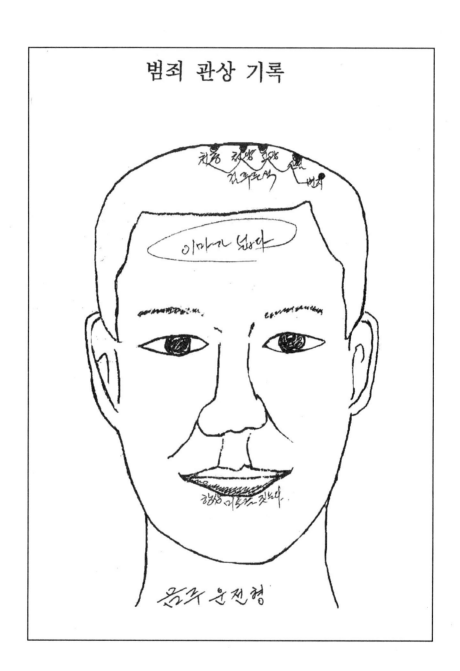

성이 높지도 낮지도 않다. 사람이 기꺼이 따르며, 사람의 말을 따라서 법을 설한다. 또한 법을 설함에 집착하지 않는다. 이마가 널찍하고 기품이 있다. 눈썹은 자연스럽고 아름다워서 손질할 필요가 없으며 부드럽고 정상적인 순서로 나 있고 두껍고 길다. 몸매는 매우 사랑스러운데 부드럽고 매우 나긋하다. 특징 중에 얼굴에 검푸른 색이 나거나 천중(천양, 산림, 변지, 고광)에 검푸른 몽색이 나타난 경우에는 사망사고로 직결되면서 감옥에서 2~3년간 고생한다.

음주운전은 발가락 5개 중 검지와 중지의 2개에 털이 6~7개가 나 있고, 손가락이 가늘지도 두툼하지도 않은 중간 크기이다. 입에 항상 미소를 지으나 속마음은 음흉하여 이기주의자로 보면 백발백중 틀림이 없다. 남자들은 대부분 남의 것을 자기 것처럼 잘 챙긴다. 47세 (남) 김00의 예다. 머리카락이 가지런하지 않고 칙칙하다면 음주운전형이 확실하다.

모든 마음이 일체를 만든다는 것이 저자가 주장한 '범죄 관상학' 이다. 몸을 휘두르거나 흔들지 않아야 하고, 음성은 맑고 청정해야 한다. 온몸에 두루두루 빛이 나야 하며, 몸에서 나는 빛은 윤택해야 한다. 독자 여러분들은 '죽비 같은 통찰' 로 범죄 관상학을 읽어 가시기 바란다. 만약 그리하였다면 이제 여러분들은 사람을 보는 안목이 크게 달라졌을 것이다. 어떤 형이 피곤한 사람들인지 잘 알 것이며, 조금이나마 사람의 얼굴을 보는 실력과 지혜가 생겼으리라 믿는다. 얼굴 면상은 마치 뜨거운 장작불에 던져진 양초처럼 흐물흐물 녹아내리지 않도록 해야 한다. 불 안에 흔들리는 동공을 절대 만들지 말기를 바란다.

범죄 관상 기록

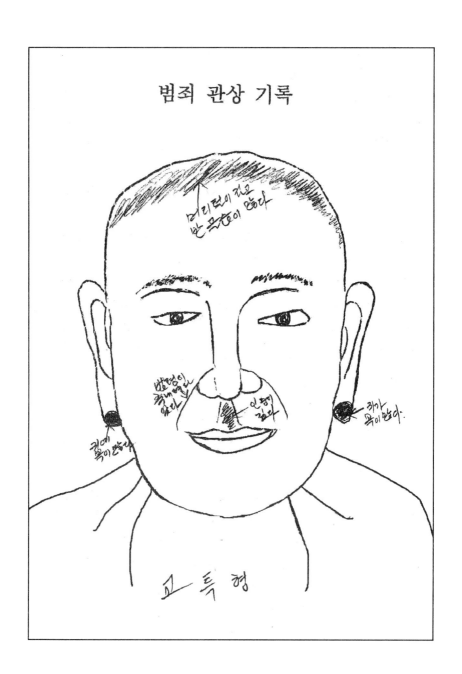

(9) 마약류(히로뽕, 대마초)

마약류는 얼굴형태가 각기 다르다. 그러나 말수가 엄청나게 많다. 말을 쉴 틈이 없도록 하여 상대방을 지치게 만든다. 그것은 같이 히로뽕을 하자고 꼬드긴다. 얼굴 전체를 보면 쥐새끼 상도 있고 미련한 곰 상도 있다. 이마가 고르지 않고 울룩불룩 튀어나와 있다. 마약사범은 멍청한 듯하나 영리하다.

저자가 본 수백 명의 마약류 사범 100명 중 10%는 안경을 낀 사람이었고, 90%는 안경을 끼지 않았다. 그런데 우리나라는 마약사범 중 경상도 사람이 70%, 서울, 인천 등이 20%, 나머지 광주, 대전이 10%였다는 신문을 봤다.

마약류 사범의 머리카락은 살랑살랑 가느나 눈썹털은 뻣뻣하고 굵으며 짙다. 이마가 우중충하게 흐리고 고르지 않으며 검푸른 색을 띠어서 관상전문가들은 이를 보면 금방 알 수 있다. 마약사범은 첫 번째가 어렵지 두 번째, 세 번째부터는 쉽다고 한다. 또한 주변에 마약을(히로뽕) 하는 사람들이 많이 있기 때문에 끊기가 참 힘들 뿐더러 자기 자신 또한 마약을 하라고 권하기 때문에 더더욱 힘들다고 한다. 9번째 출소를 하고 10번째로 교도소 출입문을 나간 지 3일 만에 다시 들어온 사람도 있다.

마약류에 아름다운 사람은 누구인가. 사람을 평등하게 본다. 먼저 살펴본 뒤에 행동한다. 한 음을 내어 사람의 소리에 대답한다. 차례로 인연이 있는 대로 법을 설한다. 어떤 사람도 그 모습을 다 볼 수는 없다. 붓다를 보면 싫어하는 이가

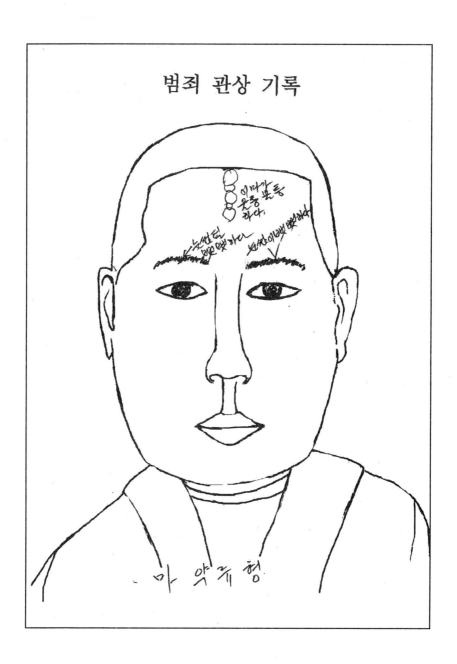

없다. 모든 음성을 두루두루 다 갖추었다. 선한 모습을 나타
내 보인다. 몸의 빛깔이 환하고 몸에 때가 끼지 않았으며 몸
이 끈적이지 않는다. 몸매가 준수하고 잘생겼으며 몸에서 향
기가 난다. 몸에 난 털은 그 길이가 균일하고 끈적이지 않는
다. 털은 시계방향으로 감겨있고 그 빛깔은 푸른색이며 둥글
고 부드럽다. 거칠게 숨을 쉬지 않으니, 들이쉬고 내쉬는 숨
이 아주 미묘하다.

범죄 관상 기록

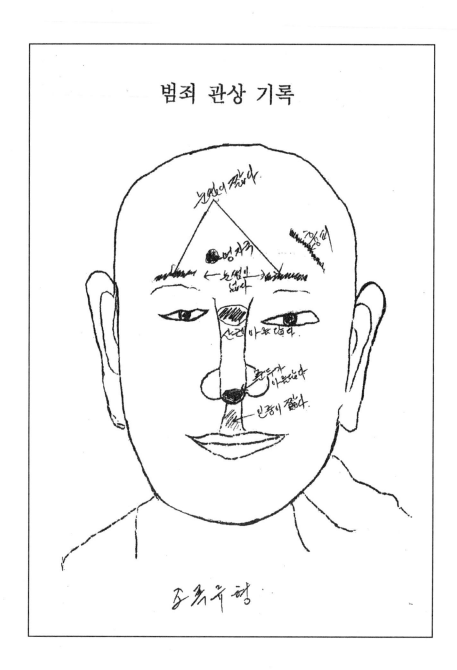

(10) 조폭류형 (조폭, 주폭, 범죄단체 구성)

폭력, 공갈, 협박 등은 젊은 층에서 많이 한다. 30대 이상의 동네 건달들은 자신의 휘하에 있는 후배들의 자긍심을 키우기 위해 일부러 자기들의 나와 바리(구역)에서 아니 꼽게 대하는 자들을 골라 주먹을 휘두르고, 음식(탁자) 등을 엎으며 행패를 부린다. 이는 전형적인 20대 소인배의 양상이다.

머리카락은 스포츠형도 있으나 일반적으로는 보통의 머리 형태이다. 이마에 황검은색과 푸른색이 흐르고 윤기가 없어 고르지 못하며, 고르지 못하니 흉터(칼자국, 멍)가 많다. 눈썹은 짧거나 완전히 길고, 눈썹과 눈썹 사이는 넓지만 산근이 아름답다. 눈썹과 눈 사이의 전택궁이 넓어 상속도 많고, 주택이나 친구사이의 관계가 원만하여 좋은 이도 한 두 명 있다. 대부분의 이마에 흐르는 윤기는 개기름이지만 조00와 이00 두목과 같이 행동대장, 부두목, 두목 급들은 이마가 넓고, 변지, 고광, 산림 등의 윤기가 난다. 머리카락은 살랑살랑하며 고르고 길다. 눈썹은 일자미로 검고 눈썹과 눈썹 사이는 엄청 넓다. 눈은 커다란 왕눈이거나 실눈이며, 운동(족구)을 좋아하는 스타일로 굉장히 빠르고 강하다. 코는 우뚝하게 쭉 내려와 강한 이미지로 비춰지고, 준두(콧등)는 아름다우며 도적(양쪽 코 옆)은 두툼하게 솟아 있다. 코와 입술 사이가 엄청 좁으며 인중의 홈이 거의 없다. 발가락부터 명치끝까지(우신 좌신)에서 미색이 나와 입 부근에 나타날 때 좋은 일과 사업상 이득을 본다. 털은 오른쪽으로 휘감아 돌아 올라와 있으며, 무척 많이 나있다.

이러한 조폭형은 특수강도, 강도상해로 이어지며 온몸으로 상대방을 억누르는 그런 성격이다. 그런 성격의 특징은 문신이 많고 머리털이 굵으며 숱도 많고, 여러 사람을 노린다. 조폭들의 90% 이상이 손끝이나 발끝에서부터 배꼽이나 앞가슴까지 털이 나 있으며, 만약 앞가슴부터 발가락까지 털이 나 있다면 조직폭력배가 분명하다.

깡패가 멋져서 조폭이 되었다는 20대 김00은 말을 참으로 기가 막히게 잘한다. 이런 사람을 사귀면 노심초사 마음을 놓지 못하여 평생 골치 아픈 사람이 된다.

조폭의 아름다운 사람들은 누구인가. 선한 모습을 나타내 보이며 억센 사람을 보면 곧 조화를 이루어 그를 복종시키고, 겁먹은 자를 보면 곧 안온함을 얻게 한다. 음성이 밝고 청정하며, 몸을 기울이거나 흔들지 않는다. 몸이 크고 길며 더러워지는 법이 없다. 온몸에서는 두루 빛이 나는데 그 빛이 각 한 길(약 1M)이다. 입에서 향기가 나며 정수리에서도 향기가 난다. 머리카락은 새까맣고 시계방향으로 감겨있다. 그는 멋진 사람이다.

(11) 경범죄형(10대 범죄형을 제외한 나머지가 경범죄다.)

무전취식. 분명히 호주머니 속에 돈 한 푼 없고 땡전 한 잎도 없는 줄 아는데 자기가 한 턱 쏜다고 한다. 따라가 보면 선술집이다. "아줌마. 여기 술 한 상, 막걸리 1되, 안주 순대 1인분, 살코기 1인분이요." 막걸리 1되 4,000원, 순대안주 1인분 7,000원, 살코기 1인분 7,000원, 도합 18,000원이다. 그런데 술집주인은 모르면서 돈이 있는 것처럼 안주와 술을 시켜먹고, 다 마시고 나서. "아줌마 제가 지갑을 집에 놔두고 왔으니 내일 갖다 드릴게요!" 라고 한다. 술집주인은 "얼마 안 되는 돈을 가지고 그렇게 하시면 곤란합니다." 라고 이야기한다. 액수가 소액인지라 그냥 넘어 가려고 해도 주인 입장에서는 괘씸하다. 동행했던 사람도 한 푼 없는 백수 건달이다. 이건 사기에 가까운 범죄 행위다. 돈의 액수가 5만 원 이상이면 사기죄로 처벌이 가능하나, 5만 원 이하이니 무전취식으로 경범죄에 해당한다. 무정취식은 시정잡배나 건달, 동네 주폭들, 양아치들이 100%다. 건전한 사고방식을 가지고 있는 일반 시민들은 이런 짓을 절대 하지 않는다.

경범죄에 아름다운 사람은 걸음을 걸을 때마다 빛이 몸을 비춰준다. 몸이 청정하며 몸에서 나는 빛이 윤택하니 마치 푸른 구슬과 같다. 손발이 원만하다. 머리카락이 산뜻하고 부드러우며 엉켜있지 않고, 그 길이가 가지런하며 끈적이지 않는다. 정수리에서는 밝은 빛이 나온다.

범죄 관상 기록

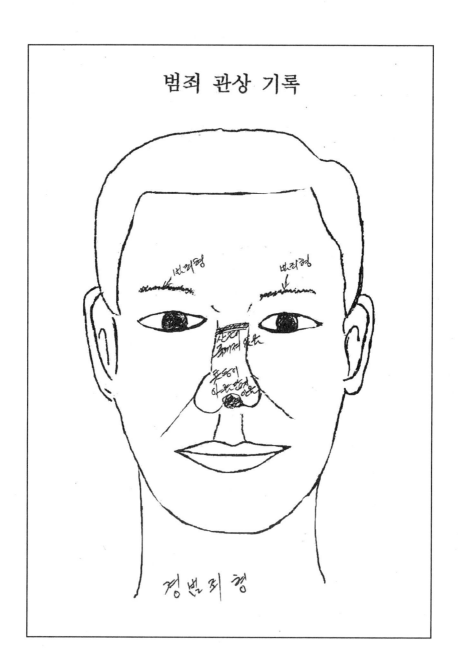

- 82 -

(12) 특별형(남파간첩)

얼굴면상을 얼핏 보면 장군 상처럼 위엄 있고 근엄하다. 직업군인형으로 약한 미남형이며 항상 키가 175cm~185cm정도이다. 이마는 평평하게 넓고 검은 푸른색이며 얼굴에 뚜렷한 각이 처져있다. 머리카락은 가지런하지 않고 스포츠형으로, 첫인상이 "나는 무장간첩(난파간첩)이요." 하고 써져있다.

간첩 동00처럼 얼굴 전체에서 풍기는 냄새가 좋으며 이목구비가 뚜렷하다. 눈썹은 짙으며 와잠미이고 눈꺼풀이 얇으며 눈썹이 눈동자보다 길다. 눈 밑에 와잠이 없으며 코가 일직선으로, 산근(명궁)이 들어가지 않고 내려오며 매부리코처럼 예쁘다. 입은 크고 치아가 고르다. 인중은 홈이 파져 뚜렷하게 길며, 지각(턱)은 사각형으로 원만하나 뾰족하지 않다. 손은 굳은살이 많고 단단하며 길어 다른 사람의 2~3배의 힘을 발휘한다. 신00과 같이 달리기에는 무척 빨라 타의 추종을 불허한다.

날마다 운동시간에 1~2M 거리에서 지켜본 동00은 황장엽 노동당 비서를 암살하려 내려온 남파 간첩이다. 귀는 이륜모양(풍문)이 뒤로 처져있으나 매끄럽고 두터우며, 귓불은 뭉쳐있다. 전체적인 얼굴형은 미남형으로 참 멋있다. 구레나룻 수염은 턱까지 내려오고 뒷꼭지가 밑에서 보면 반골형으로 울퉁불툭 나와 있으며, 머리 뒷부분이 일자형으로 ─●─선이 그어져 있는 것처럼 보인다. 이는 101% 남파간첩으로, 남파무장간첩의 특징 중에 특징이다. 이 점을 보고 절대 소홀히 넘겨

범죄 관상 기록

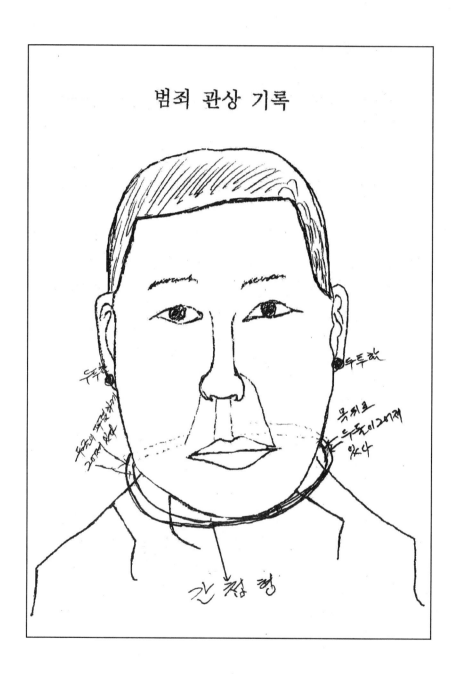

서는 절대 안 된다.

아무리 값비싼 보물이라고 해도 더럽고 냄새나는 가죽주머니에 담겨 있으면 그것을 갖더라도 영 내켜하지 않는 것이 인간이다. 아무리 맛난 음식이라도 더러운 그릇에 담겨 있으면 사람들은 좋아하지 않는다. 나의 내면을 무너지지 않게 하려면 무엇보다도 몸가짐을 바르게 해야 한다. 생각을 모두 비우고, 덜고, 내려놔야 한다. 내려놓기나 비우기란 쉬운 것이 아니다. 참으로 어려운 것이다.

이 형은 마치 그늘에 피다 시든 꽃과 같은 느낌이 들며 설령 힘이 있는 것처럼 보여도 촛불이 꺼지기 전에 잠깐 밝아지는 것과 같다. 여자 중 목이 가는 사람은 간음의 상이다. 남자 중 귓불이 두꺼운 사람은 애정이 대단히 풍부하고 정력이 많은 사람이다. 코와 살이 처진 사람은 성격 상 지극히 변덕이 심한 사람이다.

범죄 관상 기록

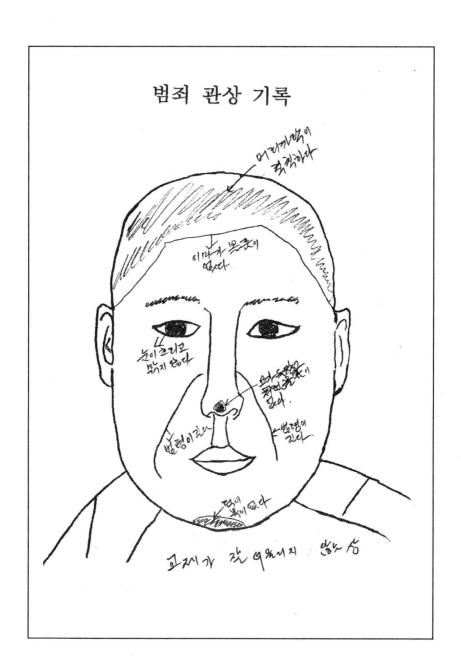

- 머리카락이 칙칙하다
- 이마가 모공이 없다
- 눈이 흐리고 맑지 않다
- 왼쪽 눈썹에 관련성이 없다.
- 법령이라다
- 범령이라다
- 턱이 살이 없다
- 교제가 잘 이뤄지지 않는 상

3. 범죄 형태의 각 찰색론과 얼굴 부위의 형태

도인은 망상도 없애지 않고 참됨도 구하지 않는다. 눈 속의 눈으로 보라는 말이다. 동서고금을 막론하고 이 말씀은 언제나 통할 것이다. 지금 이 순간 내 행동, 말, 생각은 곧 미래가 된다. 이웃을 탓하지 말고 진흙 속에서 피어나는 연꽃처럼 내 할 일을 잠잠히 해나가면 행복의 꽃이 활짝 핀다. 곧 멋진 인생이 시작된다는 것이다. 내 얼굴 면상이 정오의 밝은 태양처럼 밝게 빛나려면 마음 씀씀이를 도인처럼 해야 한다. 지금까지처럼 울퉁불퉁하게 살아온 험악한 인생살이의 얼굴이라면 피어나지 않는다. 지금부터 내가 걸어가야 할 기나긴 여정은 내가 만들고, 닦고, 준비하여야만 한다. 그래야 미래의 주인공이 될 수 있을 것이다.

(1) 얼굴색

일반적으로 큰 얼굴을 가진 사람은 작은 얼굴인 사람보다도 인간관계나 교제 범위가 넓다. 얼굴이 큰 여성도 전업 주부로 있기보다는 사회활동이 바람직하다. 어쨌든 동서고금을 통틀어 얼굴이 큰 사람 중에 위대한 인물이 많이 나왔다. 얼굴 대부분에 밝은 색의 빛이 많은 자가 지도자로, 넓게는 사회 재계, 정계에 많이 진출하고 있다는 것은 저자의 체험으로 충분히 알 수 있었다.

얼굴 전체 기색이 밝은 가운데 다른 어느 부위에서는 어두운 색깔이 있으면 잔잔하던 호수물이 바람을 만나 출렁이는

격이고, 다른 부위는 대체로 어두운데 어느 한 부위가 밝게 빛나면 구름을 벗어나 햇빛을 보는 것과 같이 운이 점차적으로 좋아진다. 한 줄기의 정신이 집중되면 한 조각의 복이 들어오고 하루 동안의 기색이 유지되면 하루의 길함이나 흉허함이 유지되는 것이다.

옛날 관상법으로 유명한 '관로'라는 사람같이 신통한 사람이 아니면 어찌 이와 같은 묘리를 깨우칠 수 있겠는가. 이는 하늘이 내린 귀신같은 안목을 가진 자라야 전수 받을 수 있으리라. 인당과 준두에 밝은 황색이 비치고 윤기가 흐르면 근심거리가 물러가고 기쁜 일이 생긴다.

(2) 얼굴형

동그란 얼굴인 사람은 투쟁적이며 활력이 넘친다. 사업의 창시자는 대개 동그란 얼굴이며 활동적이고 적극적인 사람이 많다. 동그란 얼굴에 부드러운 사람도 많은데 이와 같은 사람은 명랑하고 굴곡진 얼굴이 없으며 내면이 아름답다.

본래는 터프하며 생활력이 강한 사람이며 둥근 보름달 같은 사람은 내부에서 타오르는 횃불을 가지고 있다고 생각하면 확실하다. 반대로 '말상'이라고 불리는 말을 비롯해서 산양, 기린 등 얼굴이 긴 동물상인 사람들은 대개 점잖은 편이며, 부드럽다.

창업자는 대개 투쟁적인 근육질을 가미한 둥근 얼굴이지만 생활이 안정되고 안락한 환경에 오래 놓이면 얼굴이 차츰 길어지며, 얼굴이 긴 사람도 온갖 고난에 견디며 생활을 하다보면 얼굴 모양이 변해서 동그란 얼굴이 된다.

최초의 인류는 자연 속에서 생활했기 때문에 호흡 계통이 굉장히 발달돼 있었다. 크로마뇽인이나 네안델타르인을 보면 그 특징이 뚜렷이 나타난다. 일정한 정착지에서 살면서 농사를 지으며 음식이 풍요로워지자 소화력이 발달하게 되었다.

그 다음은 생활이 안정되면서 스포츠 등 몸을 움직이는 경기가 활발해지면서 근육이 발달하게 된 것이다. 그리고 문화가 발달하면서 두뇌가 많이 발달하게 된다. 옛부터 체형과 얼굴 모양의 의학적 관계를 공부하는 사람은 많았으나 19세기에 들어서면서 본격적으로 체계적인 연구가 이루어져 체형에 변화를 일으킨다는 사실을 알아냈다. 현재는 얼굴형과 체형 사이에는 서로 관련이 있으며 얼굴은 얼굴뿐만 아니라 성격과도 밀접한 관련이 있다는 것이 밝혀졌다.

(3) 얼굴색과 관상

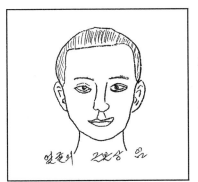

인간의 상으로 전 인생을 미리 알고자한다면 먼저 몸에서 풍기는 기색의 흐름을 보아야 할 것이다. 기색의 흐름으로 그 사람의 윤곽을 알고 난 다음에는 용모로 분별해야 하는데 우선 오색으로 관상의 근본을 삼은 뒤에 기색으로 재화와 복덕을 판단해야 한다. 비록 전생에서 좋은 음덕을 쌓지 못했을지라도 현재의 선악이 후손 혹은 다음 생에 큰 영향을 끼칠 것이다.

관상을 보는 자는 평범하고 속된 마음과 행동을 탈피해야만 하늘과 자연의 섭리를 깨달을 수 있다. 인간이 태어나서 죽음에 이르기까지의 과정이 관상법 안에서 벗어나지 못하는 것은 인간의 부귀빈천상 모두가 이 책 속에 담겨져 있기 때문이다. 지혜가 있는 자가 이 책을 바르게 익힌 스승을 얻으면 자연히 스스로 신선의 식견이 되어 볼 수 있을 것이다.

인생에서 부귀하거나 빈천하게 살 운은 형상과 기색에 의하여 결정되는 것이다. 그러나 상이 비록 좋지 않더라도 뼈속까지 선행을 하며 살다보면 좋은 일들이 일어난다. 또한 악행을 일삼으면 재앙이 닥칠 것이다.

겉껍데기의 생김이 좋고 나쁨을 판단하기에 앞서 마음 바탕을 먼저 살핀 다음에 형상의 생김으로 길흉을 논해야 한다.

모든 관상법은 하나로 통하지만 문자만으로 그 오묘한 이치를 깨우치기는 대단히 어렵다.

(4) 얼굴색과 찰색

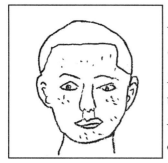

얼굴에 빨간 반점이나 붉은 실금이 나타나면 관공서, 화재, 중병 살상의 액운이 있고, 얼굴 전체가 빨간 빛이고 털구멍마다 청색이나 빨간 실금이 바늘로 찍은 것처럼 나타나면 형벌과 불에 의한 액운이 일어날 징조이다. 이마, 준두, 관골에 붉은색이 나오고

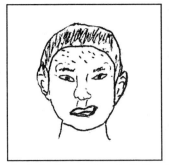

푸른색 점이 찍히거나 인당, 눈썹, 현벽에 모두 붉은 기가 돋아나면 살찐 사람에게는 나쁜 종기와 고약한 부스럼이 발생하고, 여윈 사람은 피에 의한 질병이 생긴다. 또한 인당, 준두, 눈썹 위에 붉은 기운이 생겨 옆으로 퍼지면서 90일 안에 흉하게 사망한다. 이마 전체에 빨간 노을 같은 반점이 짙게 나타나면 법적인 소송사건이 생긴다.

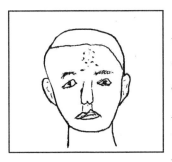

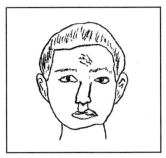

이렇게 푸르스름한 색이 발제로부터 인당까지 이어지면 질병에 관계없이 두 달 안에 사망한다. 그 색깔이 코에까지 닿으면 한 달 안에 죽고, 인중까지 번지면 일주일 안에 액운이 있으며, 얼굴 전체에 푸르스름한 색이 가득하면 당일에 죽는다. 천중과 천정에 빨간 반점이 나타나면 화재가 나거나 군인신분에 난이 있다. 사공, 중정에 빨간색이 나타나면 갑작스런 나쁜 일과 재산 손실이 있다.

제3장
범죄유형의 종합형

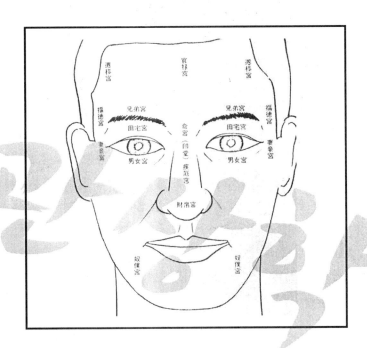

범죄 관상 기록

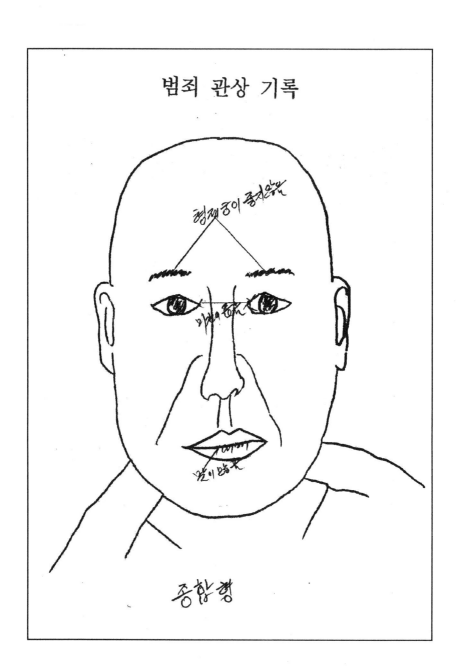

형제 궁이 꺼져있음

미간에 주름

입이 얇고 큼

종합형

제3장 범죄유형의 종합형

1. 살인미수, 특수폭행, 특수폭력 종합형

살인미수형은 얼굴전체가 볼품이 없다. 빈천상에 고독상도 가지고 있다. 비교적 반 곱슬머리이나 뻣뻣하고 칙칙하며 가지런하지 않다. 그리고 얼굴자체를 세밀히 보면 관상이 단풍이 진 것처럼 붉은색을 띠며 좁쌀 같은 점들이 얼굴, 이마 전체에 흩어져 있다. 이마는 평평하지도 않고 굴곡지며 깡마른 이마로 좁고 윤기가 없다. 인당과 산근이 몹시 들어가 부모와 인연이 없다. 눈썹은 짧고 가지런히 나있지 않고 서로 엉켜있으며, 눈은 실눈이고 작다. 얼굴 양면은 마른 편이며 코는 납작코에 아주 작고, 눈은 맑지 않고 흐리다. 입이 작고 말이 많으며 귓불이 없어 천박하게 보인다. 턱(지각)은 원만하지 않고 뾰족하며 기상도 없고 볼품도 없다.

특수폭행과 폭력을 하고도 아무런 대책도 없이 분노를 참지 못하고 살인미수까지 저지른다. 특수폭력형은 일반적으로 보면 특수폭행과 다를 바 없으나 이마가 좁고 산림, 변지, 고광에 거무스레한 자국으로 그늘져 있다. 관록궁이나 인당을 보면 굉장히 못생겼으며, 눈썹은 짧고 듬성듬성 나있어 하나도 볼품이 없다. 눈썹은 일자미며 중간이 끊어져 있고, 법령은 한쪽만 길게 뻗어있으며, 한쪽은 가늘게 보인다. 얼굴 자체 모형은 항상 그늘지고 마음이 안정되어있지 않아 늘 불안하다. 특수폭행은 법령이 없는 사람은 노력을 하지 않고, 법령이 긴 사람은 노력을 많이 한 사람으로 성공을 한다.

범죄 관상 기록

2. 업무방해형, 사기형, 특수폭행의 종합형(상상적 경합범)

61세 남 정OO은 한 사람이 3개의 범죄를 동시에 일으킨 사례이다. 범죄 관학상적으로 보면 얼굴모양이 아름다우나 세밀히 살펴보면 머리카락은 오른쪽으로 휘감겨있고 뒤로 쳐져 있다. 그러나 이마는 넓고 평탄한데, 산림, 변지, 천중은 잘 보이지 않는다. 눈썹은 일자미로 독한 감성을 나타내고 양 눈썹의 형제궁은 별로 좋지 않다. 미간과 미간 사이에 폭이 넓으나 마음은 넓은 듯하면서도 좁고 어느 누구도 믿지 않는 형이다. 눈썹과 눈 사이가 넓어 부모운이 좋은 듯하나 살이 너무 얇아 부모, 형제 인덕이 박하다. 얼굴이 굉장히 뻔뻔스럽고 거짓말을 너무 하여 아는 사람들은 멀리하려고 한다. 이상은 절대적으로 술과 연관이 많지 않은가 생각한다.

업무방해형, 사기형, 특수폭행의 반대인 아름다운 사람들을 보면 이마가 넓고 평평하며 눈썹이 높고 길어 마치 초승달과 같다. 눈썹은 감색의 유리 빛깔이다. 몸의 뼈마디는 굳건하고 조밀하며 몸에서는 빛이 흐른다. 몸이 고르고 반듯하며 늘 윤기가 흐른다. 생김새와 몸가짐이 훌륭하며 얼굴의 크기는 크거나 길지고 않고 딱 알맞다. 얼굴 양면이 평탄하고 넓으며 둥글고 깨끗하기가 보름달과 같다. 얼굴에 야윈 곳이 없으며 얼굴과 몸가짐에서 풍기는 위엄이 현인과 같다. 몸은 빛나며 광택이 흐르고 발바닥은 두텁다. 손톱은 붉은 구리 잎과도 같으며 손의 무늬는 길고 끊어지지 않고, 손발은 부드럽다.

3. 무고와 사기 특수공무집행방해형(상상적 경합범)

이 형은 이마에 윤기가 없는데 이마는 하늘이므로 적당한 상태를 가장 좋은 것으로 보므로 흐린 데가 많아 반짝반짝하는 하늘의 혜택이 희박한 것을 암시하는 상이다. 이마가 흐리며 이마 좌우에 윤기가 없는 빨간빛이 나오고, 인당에 윤기가 없는 빨간빛이 산근에서부터 올라올 때는 반드시 나쁜 일이 있고 범죄를 지을 상이다. 이마 좌우에 황색의 윤기가 없는 빛(푸른빛처럼 보인다)이 있는 상은 반드시 근심사가 있을 것이다. 이 경우 황색이 이마 좌우의 산림, 변지, 역마에 나타난다.

특수공무집행방해와 사기형은 얼굴 혈색이 좋지 않아 코와 관골이 연기가 낀 것처럼 흐려진 상이다. 이 상은 재산을 전부 잃어버리고 말든가 혹은 세상을 대단히 놀라게 할 만큼 큰 재난을 당할 상이다. 이 형들은 산근의 좌우에 푸른빛이 세로로 나타날 때는 이사를 하거나 집안일로 마음이 불안한 상태이다. 산근에 적색이 나와 있는 사람은 집 때문에 재난이 있든가 혹은 가정이 원만치 못해서 재미가 없든가 또는 그 사람의 기분에 큰 불평이 있든가 할 터이니 이를 충분히 고려해 주어야 한다.

이 형은 얼굴에 거무튀튀한 점들이 많고 눈이 움푹 들어갔으며, 눈썹은 얇고 듬성듬성 나 있다. 그리고 얼굴에는 대체로 기미, 주근깨, 검은 버섯점 등이 여기저기에 나 있고 성질이 괴팍하여 상대하기가 곤란하다. 철학자, 성직자, 예언자들에게 비슷한 관상이 많다.

무고사범은 속이 좁고 마음이 너그럽지 않으며 얼굴상은

원만하지 않고 주먹코다. 입술이 얇고 말이 점잖은 것 같으면서도 이중성격이다. 이런 사람은 절대로 사귀어서도 안 되고 옆에 가까이 가지도 말아야 한다.

범죄 관상 기록

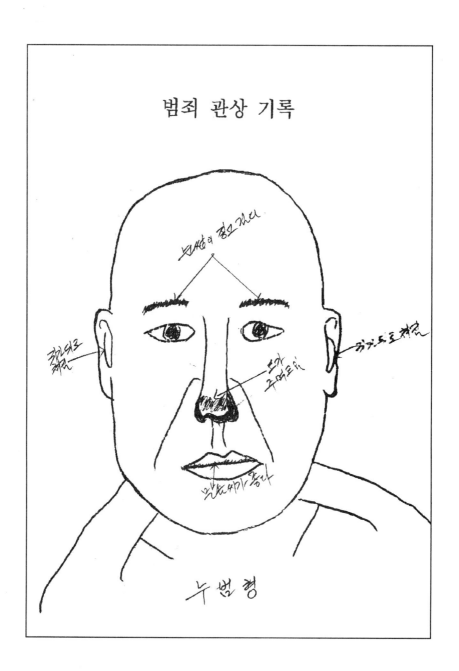

4. 특수형(강도상해, 사기, 사문서위조, 사문서위조 동행사, 무고사범형)

가장 찾아내기가 힘든 형이 사기형이다. 강도상해 등으로 상상적 경합법이 되어 잡히는데 양쪽 귀가 다 뒤로 쳐진 것(풍문)이 특징 중의 특징이다. 동종전과가 아닌 누범사범들은 3년 안에 교도소에 다시 잡혀들어 오지만 전과가 3범 이상인 빵재비(징역살이를 자주한 사람들을 일컫는 은어)들은 자기가 저지른 죄에 대하여 죄책감을 전혀 느끼지 않는다. 여러 범죄 종류가 합쳐진 빵재비들은 추가사건이 많은 사람이다.

사기형은 머리 이마가 번지르르하며 귀가 뒤로 모두 쳐져 있고 코는 주먹코다. 강도상해는 왼손발가락과 오른손발가락부터 배, 가슴, 명치까지 검은 털이 시계방향으로 휘감아 돌아서 올라간다. 특히 눈썹이 짙고 검으며 가지런하지 않고 불같은 성격이다. 이런 종류의 종합범들은 범죄 관상학으로 보면 틀림없는 10대 범죄형이다.

특가법상 사기꾼인 김00은 얼굴은 넓고 둥글며 눈썹은 희미하나 눈알이 툭 튀어나온 사람으로 무고사범형이다. 코는 주먹코에 얼굴이 맑으나 말솜씨가 좋고 머리와 수상(손금)을 보면 영리하다. 쉴 틈 없이 목소리가 끊이지 않고 혓바닥이 얇다. 그러면서 자기의 존재를 은근히 자랑한다. 코는 보통으로 법령도 없고 인중도 째어져 없다. 입은 다른 사람보다도 크며 아랫입술이 두터워 윗사람을 잘 모시지 않는 스타일이다. 지각(턱)은 원만하고 광대뼈가 살짝 나와 있다. 목은 짧고 가늘며 단명할 상이다. 지기 싫어하는 마음이 강하고 비밀이 전혀 없으며 행동력이 강하다.

　운명이란 움직인다. 운명은 돌 운(運)과 목숨 명(命)을 사용하는데 목숨을 운전하다, 즉 인생을 운전하는 것을 나타내는 것으로, 운명은 사주팔자나 숙명에 의해 저절로 만들어지는 것이 아니라 자신의 의지에 따라 운전하는 대로 만들어가는 인생임을 뜻한다는 것이다. 운명은 인과나 인연에 따라 좋게도 나쁘게도 만들 수 있다. 이러한 것을 다루는 학문을 '운명학'이라고 한다. 자신의 인생은 팔자가 만들어 주는 것이 아니라 자신의 의지와 노력 여하에 따라 달려있다는 것을 알아야 한다. 개운(開運)의 방법에 따라 전각도장을 주머니에 넣고 다니면서 실인(행운도장)을 지니면 운명도 달라진다. '명당이전, 눈썹 성형, 얼굴 성형'도 때를 잘 맞추어 하면 바로 운명이 달라진다.

5. 특수형(사형수)

　두 번의 살인을 하고 들어온 유OO 사형수나 다른 사형수 수십 명을 보았지만 대개가 관상이 너그럽거나 원만하지 않게 생겨 얼굴 전체 모양이 아름답지가 않다. 얼굴 양쪽이 부드럽지 않고 머리카락은 시계반대방향으로 휘감겨 있으며, 이 또한 부드럽지 않다. 이마는 넓으나 이마에 천, 인, 지 주름살(　〓　)이 그어져 있다. 눈썹은 눈과 짧게 떨어져 있으나 고르게 나 있지 않고, 전택궁 또한 좋지 않다. 흰 눈썹이 듬성 듬성 하나씩 나 있고 털도 고르지가 않다. 이마를 찰색으로 보면 희미한 분홍색이 나와 있으며 이것이 목으로 흘러 휘감고 오는데(　〓　) 2줄인 것이 특징 중의 특징이다. 또한 목이 두툼하고 짧으며 후골이 아름답지가 않다. 코는 주먹코로 인중과 입 사이가 넓으며 인중에는 홈이 없다. 아래 지각(턱)이 두텁고 아름다우나 42세 산근이 푹 꺼져있고, 부모, 형제궁(눈썹, 명궁) 또한 푹 죽어있어 자식이나 형제 등과는 전혀 인연이 없다. 성질이 엄청 불 같아 특수강도가 강도살인으로 재빨리 이어지는 형이다. 전체적인 얼굴형은 둥글고 원만하나 마주 보았을 때 소름끼칠 정도로 기분 나쁜 분위기가 느껴진다. 언젠가는 마음 속 분노가 치밀 때 곧장 살인으로 연결될 수 있어 말을 조심하고 가까이 하지 말아야 한다.

범죄 관상 기록

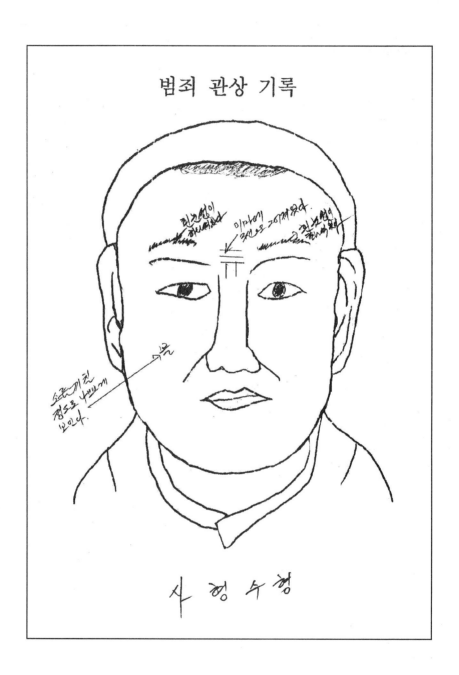

사 형 수 형

6. 범죄를 일으키는 가정환경형

요즘 젊은 특수강도, 특수절도형들을 보면 가정환경으로 인해 범죄를 일으키는 관상과 일치한다. 강제추행, 성폭력, 절도, 강도형은 안경을 잘 쓰며 머리카락부터 다르다. 30~40대라도 머리가 희끗희끗하고, 주로 스포츠형 머리를 좋아한다. 이마가 사각형 모양으로 좁고 산림, 변지, 고광, 천중 등은 검푸른 색이다. 이마가 평탄한 것 같아도 자세히 보면 울퉁불퉁 굴곡진 것 같이 보인다. 이마, 천충, 천정, 관록궁까지 주름살이 많으며 양쪽눈썹은 길고 짙으나 눈썹 가운데가 둘로 끊어져 있는데 이런 눈썹은 형제간의 인연이 끊긴다. 눈썹형태는 어려서부터 팔자 모양(八八)으로 굉장히 신기하다.

최00는 눈이 밝지 않고 붉은색으로, 양쪽 눈이 산만하게 약간 들어가 좋지 않다. 산근(명궁)이 낮게 솟아있으며 코가 힘차게 내려와 준두가 크고 주먹코이다. 양쪽 법령은 그 사람의 현재의 직업을 보는데 보아하니 백수건달이다. 양쪽 볼부터 콧수염, 턱수염이 길게 나 있으며 쌩뚱 맞는 일을 잘 벌인다. 그리고 장난기가 대단하여 코밑에 인중궁이 쩨져서 없다. 귀가 크고 얇으며 복이 없고 가늘게 늘어졌다. 입속의 혀는 길다. 입은 양쪽 입술이 가지런하지는 않으나 두텁지 않고 말을 잘한다. 지각(턱)은 말년에 소도둑놈같이 보이며 40대가 넘으면 관상학적으로 볼 때 범죄를 일으키는 가정환경에 도달한다. 42세가 넘으면 많은 고통과 함께 절대적으로 불행을 안고 살아야 할 것이다. 눈썹의 길이가 설상가상으로 여난의 상이라 할 수 있다.

젊은 30대 특수강도, 강간범들은 키가 크고 얼굴도 미남인

범죄 관상 기록

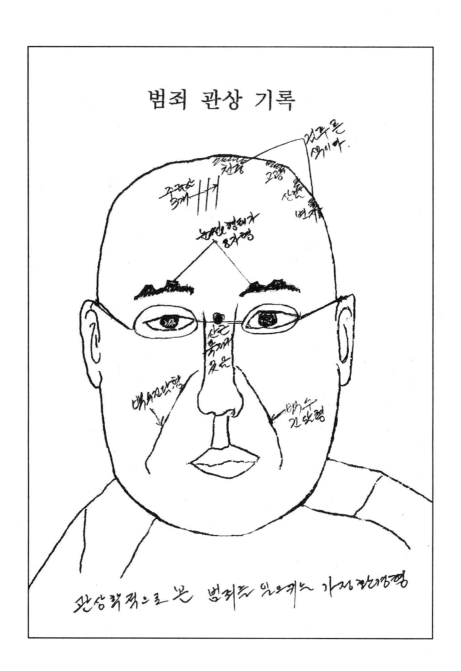

- 106 -

형들이 있으나 형기가 많아 얼굴이 잘 닦여진 사람도 있다. (쌍무기수 신OO 같은 얼굴이 그 예라 할 수 있다.)

누구나 교도소에 들어와 5년 이상을 살면 얼굴 관상이 달라진다. 얼굴이 맑고 이마는 굴곡진 데가 없으며 눈은 틀림없이 늑대 눈처럼 보인다. 사람을 경계하는 눈초리로 바라보고 눈썹과 눈 사이가 넓어진다. 와잠도 고르지 않고 코가 줄기차게 내려와 음흉한 미소를 짓는다. 마음은 여러 사람을 생각한 것 같으나 얼굴을 뚜렷하게 바라보면 검은 황토색이 전체 얼굴을 감싸며 돌고 있다. 이런 형은 어린 시절부터 손에 문신을 하고 소년 교도소, 대인 교도소를 들락날락하며 살아가는 팔자로 한번 인연을 맺으면 골치 아프다.

최OO는 51세에 얼굴이 작고 이마가 좁으며 눈은 사시눈이고 눈썹은 어지럽게 들쭉날쭉하며 코는 산근이 푹 죽어서 일찍이 부모와 인연이 없는 상이다. 말년운 50세에 살인미수로 들어온 자로, 가정환경이 불우하여 관상학으로 봐도 일찍이 범죄를 저지를 가정환경형의 범죄자였다. 가장으로서 두 딸을 두고 본래부터 가정환경이 어려워 남의 집에 몰래 들어가 도둑질을 하려다가 발각되자 주인을 칼로 찔러 살인미수로 잡혔다. 본래는 절도가 목적이나 칼로 찌르는 바람에 심리변화가 생겼다. 배가 고프고 가장인 사람 중에 이런 흉상을 가진 자가 제일 먼저 범죄를 일으키는 가정환경형이다.

얼굴을 보면 그 사람의 인생의 운세를 알 수 있는데, 얼굴 전체를 3등분하여 초년(상정운), 중년(중정운), 말년(하정운)의 삼정으로 나누어 볼 수 있다. 위의 최OO는 본래부터 타고난 범죄 관상적 가정환경형으로 저자가 본 사람들 중에서도 가장 여러 가지 범죄 형태를 가진 자이다. 7년 만기를 다 마

범죄 관상 기록

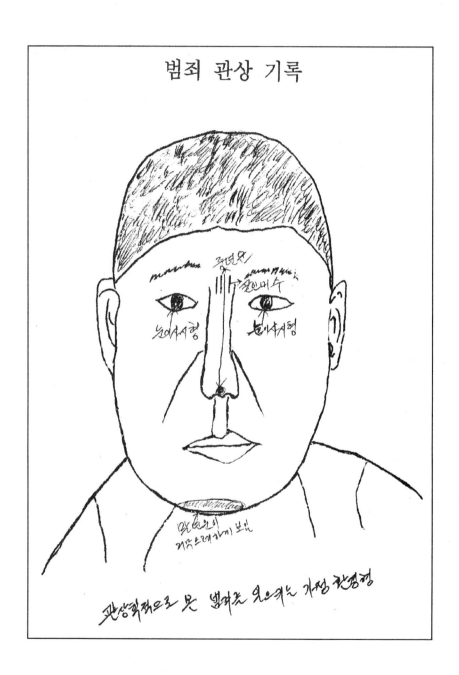

- 108 -

치고 출소하여도 다시 교도소에 들어갈 운명이었다. 다시 출소한다 해도 그 성질과 성격은 더 횡포하여 다져올 사람이기 때문이다.

초년운, 이마는 태어난 후부터 24살까지의 운세로 나타낸다.

중년운, 이마에서 코(준두)까지의 부분으로 25살부터 49살짜리의 운세를 판단한다.

말년운, 코밑에서 아래턱(지각)까지의 부분은 50살 이후의 운세를 나타낸다.

얼굴도 작고, 이마가 좁고 눈이 사시눈으로 언제나 범죄형이다. 스스로 음덕을 쌓고 맑고, 또 밝게 그 정도를 거닐며 살 수 있어야 운명이 바뀌어 질 것이다. 그렇지 않으면 감옥에서 평생 살아야 할 사람이다.

얼굴은 그 사람의 노력에 따라서 바뀐다. 노력하면 점차 얼굴이 변해서 선인의 상으로 보인다. 청년이 되고 어른이 되어 열심히 일을 하면 눈썹에서 코까지의 부분이 크고 뚜렷하게 바뀐다. 노력도 미래를 준비 하지 않는 자는 전혀 운명이 바뀌지 않고, 악한 마음을 품고 살아가면 얼굴모양은 범죄형으로 변한다.

29세 한00은 특수강도로 3년 전 잡혀 들어왔으나 얼굴색도 악한 마음도 변하지 않았다. 다시 나가면 보복 특수강도로 다시 들어오겠다고 하는 소리에 저자가 볼 때는 한심하기 짝이 없었다. 한00은 상상도 못할 정도로 악한 마음을 먹고 살고 있으며 얼굴이마는 절벽형으로 깎아내린 듯하였고, 눈썹은 이리저리 엉키어졌으며 눈은 언제나 사람을 소름끼칠 정도로 째려보아 옆에서 있으면 같이 앉길 싫어할 정도이다. 인당과 산근은 언제나 검푸른색으로 운명을 바꿀 수도 없는 사람이다. 코는 주먹코(돼지코)처럼 실룩실룩거리며, 금방이라도 사람을 죽일 정도로 달려든다. 윗입술이 아래 입술을 덮지 못할 만큼 아랫입술이 커서 항상 상사를 치받는 격으로 생겼다.

어린 시절(4세부터) 소년교도소를 거쳐 대인 교도소로 이감되었지만 어떤 사람이라도 그와 마주앉아 있으면 숨이 넘어갈 정도로 인간악마라 불렸다. 특수강도의 귀는 악인상이고 아주 적어 총명함이 부족하지만 언제나 이런 부류들은 평생을 암옥에서 살 팔자로 인연을 맺으면 평생 골치 아프다. 얼마나 탐욕스러운지 온 몸이 분노, 증오, 탐욕으로 똘똘 뭉쳐져 반가부좌를 틀고 앉아 있으면 뒷모습을 상상도 못할 정도로 두줄(=○=)이 그어져 있다. 이런 사람이 관상학적으로 본 가정형 범죄자이다.

7. 특수형

(1) 박OO의 범죄형

이 형은 최근에 어느 기구한 여인의 관상이다. 40년 간 잘못된 인연으로 머리카락이 헝클어지고 머리털은 까맣게 흩어져 있다. 이 여인은 당대의 내놓으라하는 마마공주였다. 그러나 국정을 3년 10개월 이끌면서 인연이 나쁜 사람을 만나 졸지에 나락으로 추락해 버렸다. 이마는 환한 마마공주였으나 한 시간 뒤 보니 이마가 평탄하지 않고 거무스레한 얼굴로 보였다. 눈썹은 평상시 초승달처럼 보였으나 그믐달이 되었고 눈썹이 엷고 가지런하지 않아 초라하게 보였다. 눈썹과 눈 사이를 보면 부모의 음덕이 많구나 하였는데 지금은 부모의 덕이 이미 시든 꽃처럼 말라 비틀어졌다. 머리 좋은 최OO에 의해 의도적인 사기를 당하여 눈보다 긴 눈썹은 고독한 상과 장수상으로 변해버렸다. 눈썹과 눈 사이는 넓고 전택궁이 좋았으나 한순간에 빛을 잃었고 눈동자는 맑은 봉황의 눈이었으나 그것은 온데간데없을 정도로 변하여 눈 밑에 와잠이 촉촉이 젖어있다. 형제궁을 보니 자매간에 생기가 돌아 옛정이 다시 돌아왔다. 관록궁과 명궁, 승장을 보니 관록궁은 이미 흐려져 1년 전에 멈추어져 있고 명궁(산근)은 100세까지 넘도록 살 관상으로 변해버렸다. 코는 줄기차게 황금막대기처럼 내려와 있으나 그 안으로 얼마나 고집불통인지를 알 수 있었으며, 복당, 처첩, 전택과 산근과 관록이 너무 지나쳐 부모와 일찍 헤어질 운명이다. 현제 법령이 선명하게 나타나지 않아

범죄 관상 기록

박○○의 구치소 가는길

자기의 관록을 완전히 부숴버렸다. 귀는 총명하나 남의 말을 듣지 않고 인중은 꽉 차있으나 관록중은 서산에 해가 지는 것처럼 싸늘하게 보였다. 그리고 입술은 위, 아래가 가지런하며 고우나 승장과 관록이 그늘져 모든 것이 일장춘몽으로 끝나버렸다. 지각(턱)은 빛나 늙은 말년에 오래오래 장수할 상이었다.

이 여인은 죄목이 뇌물수수, 직권남용 등 13가지가 엉켜져 아주 기구한 운명의 여인이었다. 이것은 자기가 40년 전부터 쌓아온 악연을 맺은 인연과보였다.

(2) 최00의 범죄형

최00는 초년운이 23세까지 아주 좋은 관상이었다. 그러나 마음속의 탐욕과 분노와 증오가 섞여져 이젠 이미 이마 머리가 희고 길게 늘어졌다. 이마는 평탄하고 고르며 30세까지의 초년운과 중년운은 아주 좋으나, 말년운은 자기가 심어놓은 악연 때문에 순탄치가 않고 가파르게 천 길 낭떠러지로 추락하는 상이다. 눈썹은 칙칙하고 가지런하지가 않으며 눈보다 길고 얇게 끊어져 퍼져있다. 눈은 항상 사시 눈처럼 상대방을 째려보는데 다른 사람을 쳐다볼 때 안하무인격으로 째려보는 상으로, 누구한테도 존경받지 못하는 얼굴이다. 미간과 미간 사이가 좁다. 마음이 좁고 너그럽지 않다. 관대한 조언을 하지 않고 아주 이기적이다. 고약한 코와 눈이 사람들을 증오하며, 자기의 죗값을 모른다. 코가 주먹코처럼 쭉 내려와 막대기처럼 생겼으나 단단하여 말년운이 아주 안 좋은 상으로, 어

범죄 관상 기록

최 ㅇㅇ의 범정에선 모습

느정도 감옥에서 평생을 보내야 할 운명의 상이다.

귀는 장수상이며 총명하여 여러 수많은 사람들에게 남을 잘 이용하는 여자의 전형적인 강요 사기형이다. 법령도 길게 내려와 있었으나 현재의 자기 운명이 바뀌어가는 줄도 모르고 흥청망청 화살같이 빠르게 지나가는 상이다. 20대부터 권력의 맛을 보았으니 쉽게 헤어나지 못할 것이며, 준두와 입술 사이가 넓어 장수상이다. 윗입술과 아랫입술이 가지런하지 않고, 한때는 좋았으나 구업을 많이 지어 하늘이(제석천왕이) 그 복덕을 다 거두어 버려 말년에는 운이 불운하나 턱(지각)이 좁아 100세가 넘으면 운세가 좋은 상으로 바뀌어 차차 나아질 것이다. 현재는 아무것도 되지 않으며 얼굴도 고르지 못하지만 얼굴 전체에 흐르는 황검은색과 푸른색은 80세가 넘어야 좋아질 것이다. 입은 크고 두터우나 안하무인하고, 아랫사람들을 존경해야 하는데 그렇지가 못하니 도량이 좁은 사람으로 말년운이 비참하다. 코가 커서 여러 사람들을 부릴 사람이나 아랫사람들의 배신이 많고 부하들로부터 '인정 없다'는 소리를 듣는다. 귀는 여러 사람의 의견을 잘 들으라고 크게 생겼으나 고집스런 코와 영악한 마음 때문에 자기를 억누르지를 모른다. 입은 크나 쓸데없이 말을 많이 해서 화를 자초하여 자기 사람들이 인연 따라 다 떠나간다. 입술은 위아래가 고르지 못하고 아랫입술이 두툼해 천액살을 받는다. 욕심이 너무 많고 권력을 너무 탐해 스스로 망할 운명이다. 다음 생에는 치아가 좋지 않은 상으로 태어날 것이니 예쁘고 고르게 태어나기를 바란다.

범죄 관상 기록

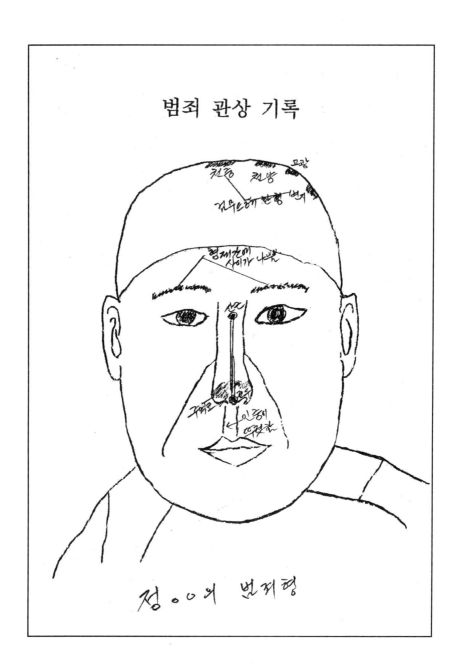

정ㅇㅇ의 범죄형

(3) 안OO의 범죄형

전 청와대 정책조정수석의 얼굴은 굉장히 풍만한 관상이었다. 말년의 55세가 넘으면 서서히 무너지는 형으로, 이는 직권남용, 권리행사방해와 제3자 뇌물수수혐의 등 여러 가지 형태의 범죄양상으로 나타날 것이다. 얼굴 이마는 천중, 천양, 변지, 고광 등이 거무스레하게 드러나며, 특히나 이마에 깊고 길게 파인 일자주름살이 나타나며, 눈썹은 일자미로 미간과 미간 사이가 넓어 마음이 넓으나 가지런하지가 않다. 형제 간에 사이가 나빠질 상태다.

이 관상형은 스스로 윗사람이 알아서 기도록 과잉 충성하는 상으로, 눈썹과 눈동자 사이(전택궁)가 넓어 집안이 안정되어 있으나 말년 운세가 나락으로 추락하는 상이라 눈동자가 맑지 않다. 산근(명궁, 질액궁)이 42세, 55세, 57세까지 황금기였으나 산근에서 흘러내리는 준두까지 엄청난 대홍수를 만나 강둑이 무너져 내리는 주먹코로, 인중이 뚜렷하며 준두와 입술 사이가 넓어 장수상이다. 귀를 봐도 장수상이지만 지금부터 건강하게 섭생을 잘하여야 한다.

(4) 정OO의 범죄형

청와대 부속비서관의 얼굴은 이마가 사각형 모양으로 이마에 관록정과 산림, 변지가 그늘져 곧바로 47세가 되면 감옥으로 향하는 관상이다. 눈썹이 일자미로 짧다.

지금까지 귀와 코에서 나오는 조상음덕으로 간신히 복을

범죄 관상 기록

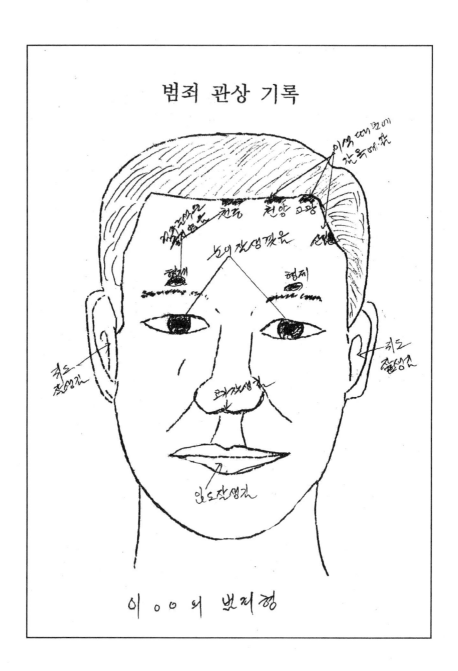

이○○의 범죄형

누리며 버텼으나 저격수에게 뒤집어쓴 범죄형으로 얼굴 상태에 명궁이 들어가 10년 후에야 좋은 운세가 찾아올 것으로 보인다. 청와대 참모형으로 부지런하고 근면하였으나 너무나 참견한 일이 많고, 세도가 오래갈 것으로 생각하였으나 한단지몽이었다. 앞으로 꺼져가는 등불로 섭생을 잘해서 살아야 할 것이다.

(5) 김OO 왕실장(직권남용형)

78세 왕실장 얼굴은 전체 형태가 범죄자이다. 말년에 많은 고통을 받을 상이나 이마는 훤하고, 거무스레한 빛깔이 천중, 천양, 고광, 산림, 변지에 그늘져 몽색이 나타난다. 수감생활 때문에 그렇지만 밖에 나가는 것보다 교도소에 오래 있을수록 생명을 연장할 수 있다. 눈썹과 눈썹은 멀리 떨어져 있어 현재 자기 운세가 나쁘다는 것을 알아야 한다. 42세(산근)운이 좋아서 그 여력으로 지금까지 지탱해 왔다. 코가 줄기차게 내려와 준두(콧등)가 좋으나, 준두에서 입까지의 운세 즉, 인중에 홈이 깊이 파져 있는 것이 오랫동안 고생할 상이다. 입은 위아래가 가지런하나 너무 무겁고, 입을 다물고 있는 것이 쳐다보는 사람을 무시하는 태도가 엿보인다. 귓불이 좋아 금전운세가 좋으나 칼끝의 꿀을 다 빨아 마시고 나면 앞날이 예측 불허할 운세다. 너무 거짓말을 많이 해서 다음 생에 이빨이 안 좋아 일찍부터 고생할 팔자다.

범죄 관상 기록

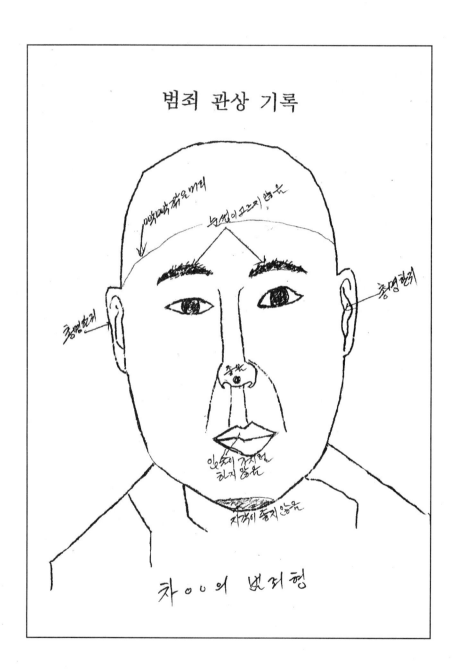

차ㅇㅇ의 범죄형

(6) 이○○ 경호관(직권남용형)

이 경호관에게 38세의 젊은 나이에 형액이 붙은 것은 자기의 내면에 잠재해 있는 영웅심이 꿈틀거려서이다. 지금 현재 고통을 받고 있으며, 머리털은 가늘게 시계방향을 휘감고, 이마는 맑고 밝게 보이나 자세히 보면 산림, 변지, 고광, 천중, 천양이 그늘져 있다. 눈썹은 거칠고 양쪽이 짧아 눈을 보면 일찍이 감옥에 갈 운세이다. 상이 맑고 밝아야 하는데 현재는 암몽색이 나타나 쉽게 빠져나올 가망이 없다. 눈, 귀, 코, 입, 이마 등이 잘 생겼으나 현재는 너무 충성심이 강해서 정식 검문과 출입절차를 거치지 않고 대통령 관저에 출입하도록 했다. 그러나 경호실장과 경호관까지 모두 도가 지나쳤다.

(7) 차○○의 범죄형

안○○과 최○○의 공동정범형으로, 직권남용, 공동강요, 횡령, 알선수재 등의 범죄형이나 빡빡 깎은 머리가 앞으로 형량을 낮출 것이다. 그러나 이마가 훤하다. 천중, 천양, 고광, 변지, 산림이 좋지 않다는 것이 확연히 나타나는 상으로 눈썹이 고르지 않고 형제간에 사이가 좋지 않을 상이다. 눈꺼풀은 두텁고 와잠은 힘이 없어 흐물흐물해졌다. 코는 아름다우나 준두가 곧장 힘을 잃고, 입술은 가지런하지 않으나 지각이 좋아 쉽게 빠져나오는 경우가 될 것이다. 귀는 당나귀 귀로 머리가 총명하고 장수상이다. 귀가 총명하여 황태자로 불릴 만큼 실력이 좋았으나 45세의 운은 천액으로 많은 고통을 받을 것이다.

8. 얼굴 전체 및 각 중요한 부위(눈, 귀, 코, 입)

(1) 눈

눈은 천지의 음도 해와 달의 힘을 빌려 빛을 발하는 것이니 일월은 천지만물의 거울인 것이다.

눈 가운데 흰 부분이 파란 빛을 띠고 있는 사람은 스스로 모든 일을 망쳐버린다. 그 때문에 자기희망이나 발전할 힘을 잃어버리는 것도 모르는 사람이다. 이런 관상의 사람은 자기 행동에 무척이나 주의하지 않으면 반드시 짧은 인생이 되고 만다. 또 정신이상에 걸려 뜻밖의 죽음을 맞이할지도 모르므로 주의를 거듭해서 생활하는 것이 가장 중요하다.

눈이 길면서 깊게 박히고 빛나면서 윤택한 사람은 대귀하고, 검은자가 붓으로 점찍은 것 같이 검으면 총명한 문장이요, 눈망울이 솟지 않고 작열하며 광채가 나는 자는 부귀하고, 가늘면서 깊은 자는 장수한다. 겸하여 궁벽하며 사람의 왕래가 드물고, 들떠서 눈동자가 툭 불거지는 사람은 일찍 죽고, 눈동자가 크고 동그랗게 튀어나와서 성난 눈처럼 보이면 수명이 짧으며, 눈이 툭 불거져 흘겨보는 것 같이 생긴 자는 음란하고 도벽이 있다.

눈 속에 빨간 점이 있는 사람은 의지할 사람이 있는 상이다. 가령 자기가 의지하고 있는 사람이 운기가 나쁘게 될 때에는 이 눈 속의 빨간 점도 자연히 힘없어 보이고, 의지할 사람의 운기가 왕성하면 눈 속의 빨간 점에도 힘이 생기고 윤기가 난다.

눈이 흐릿하고 자주 성난 눈빛을 짓는 것은 바르지 못한 사람이요, 붉은 핏줄이 동자를 가로지르면 객사하고, 눈에 겁이 없어 보이면 그 신이 건장하다. 양의 눈을 가진 자는 고독하고, 패러 궂으며 눈이 짧고 작은 자는 천하고 어리석으며, 위로 뜨고 보는 자는 성질이 급하다.

눈초리와 간문에 윤색이 없는 빨간 빛이 있는 사람은 그 사람의 부인이 병을 앓고 있다든가 혹은 부부사이에 싸움이 그치지 않을 상이다. 이 혈색은 눈을 감았을 때는 보이지 않고 눈을 떴을 때 보이는 것으로써 눈초리에서부터 눈 속으로 들어간 부위에 나타나는 것이다.

눈 밑에 와잠이 있는 자는 귀자를 낳고, 부인의 눈이 흑백이 분명한 자는 용도가 침잠하며, 눈 밑이 적색을 띤 자는 산액의 염려가 있고 남모르게 흘깃흘깃 훔쳐보는 것이 음탕하다. 이 혈색은 운이 없는 연분홍빛으로 보이는 일도 있으며, 결혼하지 않은 사람은 여자에 대해서도 고생이 많을 상이다.

어미에 흑색이 나온 사람은 부부싸움이 잦으며, 간문에 윤이 없는 적색점이 나와 있는 사람은 여성에 대한 고통이 있든가 혹은 지독한 다툼이 있을 상이다. 간문의 이 적색점이란 것은 좁쌀알 정도나 혹은 좀 더 큰 정도의 빨간 빛을 말한다. 하지만 이 적색이 많을 경우에는 판단하지 않는다. 부스럼도 보이지 않는 두 눈의 사이를 이름 하여 자손궁이라 하는데 풍만하고 함하지 말아야 길할 상이다.

'비결'에서 말하기를 눈이 수려하고 길면 반드시 군왕(임금)의 상에 가깝고, 눈이 붕어 모양과 같으면 필연코 집안이 창성하며, 눈이 크고 빛나면 토지가 늘어난다. 눈머리에 흠집이 있으면 재산이 점점 줄어들고, 눈머리에 흠집이 있고 눈망울이 붉거지며 흰 창이 많으면 싸움에 나가 사망한다.

<임00의 예>

눈 부위에 적색이 천중의 부위로부터 관목의 부위까지 쫙 흩트려놓은 것 같이 나타나든가, 앞서와 같이 갓난아이의 손끝으로 잡아당긴 정도의 넓이로 나오거나 혹은 노끈의 꾸부러진 모양으로 나타나있다. 또 이 혈색도 관륵 부위 부근에 와서 가늘어져 있으면 그것은 커다란 재앙이 올 것을 나타내는 것이며, 그 재앙이 오는 시기도 빠를 것이다.

여성으로서 관록의 혈색이 나쁘고 윤기가 없는 사람은 주인이 없는 상이고, 주인이 있는 여성의 혈색은 자연 윤기가 나고 깨끗하다.

이 파란색은 인당 부위에서 관록 부위까지 흩어진 듯이 엷게 나타나나 이 색도 흐린 암색과 같이 보이기도 하는데, 근심사나 깜짝 놀랄 일을 나타내는 색이다.

'눈은 마음의 창이라' 하였다. 이처럼 마음은 반드시 눈에 나타난다. 즉 눈의 움직임을 보면 그 사람의 마음을 읽을 수 있다는 것이다. 커다란 눈을 가진 사람은 감수성이 강하고 낙천적이며 정열적이다.

눈이 큰 여성은 화려한 것을 좋아하며 작은 눈을 가진 사람은 차가운 느낌이 들고, 큰 눈을 가진 사람만큼의 선견지명은 없지만 빈틈이 없는 사람이다.

들어간 눈을 가진 사람은 시야는 좁지만 이해력이 풍부한데, '들어간 눈에 바보 없다.'는 우리의 격언과도 같이 눈에 비친 상이 빨리 뇌에 전달될 수 있기 때문이다. 튀어나온 눈을 가진 사람은 관찰은 빠르지만 세밀히 기억하지 못하여 관찰력이 좀 떨어진다.

둥근 눈은 명랑하며 감각이 예리하지만 부화뇌동하기 쉬운 경향이 있다. 성격은 적극성을 보이며 유혹에 빠지기 쉬운 사람이다.

가는눈(실눈)인 사람은 깊고 둥근 눈을 가진 사람에 비하여 친구가 매우 적지만 그 우정은 오래간다.(배OO의 예)

눈 속이 충혈되고 눈에 힘이 없는 몽롱한 눈을 가진 사람은 반드시 자상을 당하고 목숨을 잃을 상이다.

이마 좌우가 검푸른 사람은 운세가 좋지 못한 사람이 아니고 반드시 노력한 만큼 성공할 수 있는 사람이다. 마음과 근심이 이마에 나타나서 검푸른 색이 된다. 이 같은 상은 대체로 성질이 급한 사람에게 많이 나오는 상이다. 이마는 하늘을 상징하므로 당연히 높아야 함에도 낮고, 턱은 땅을 상징하므로 넓고 두터워야 되는데 얇다면 이는 얼굴이 일그러진 것이다. 눈썹 뼈가 솟아 있고 눈썹 끝이 위로 치켜 올라가 있으면서 곁눈질 하는 습관이 붙은 자는 범죄를 저지른다. 여자가 눈썹이 거칠고 지저분하며 눈이 툭 불거지면 남편을 여러 번 사별하고, 목소리가 웅대하나 기가 탁하고 거칠면 복이 없는 여자다. 눈썹이 남녀 초승달 같이 생기고 천장 부위까지 닿으면 총명하고 존귀함이 있다. 눈이 세모지면 마음이 선량하지 못해 여자는 남자를 힘들게 하거나 남자를 극 사망케 한다.

여자의 눈은 가늘고 길며 맑고 수려해야 한다. 만일 가로 길이가 짧고 동그랗게 크기만 하거나 앞으로 툭 불거진 눈이면 부부사이는 심한 형벌을 받는다.

마음이 순수하고 깨끗하면 눈은 맑아지며, 마음이 사악하면 눈은 곧 탁해진다. 눈의 모양이 똑바르고 흑색이 명료하며 맑은 사람은 인간이 고결하며, 눈의 모양이 찌그러지고 탁한 사람은 품성이 열등하며 인간성에도 결함이 있다. 이는 남녀 모두가 같다.

눈이 치켜 올라간 눈의 여성은 감정이 격하고 남자를 휘어잡는 솜씨가 있다. 출세도 빠르고, 호탕하며 진취적인 기질이 풍부하지만 남에게 머리를 숙이기를 싫어하므로 궁지에 몰릴 경우가 많다. 눈꼬리가 내려간 눈은 세심하여 실수가 없지만 소극적이어서 민첩함을 필요로 하는 직장에서는 환영을 받지 못할 수도 있다. 남녀 모두 부드럽고 온화하며 가정적이지만 간혹 바람기가 있다.

만일 이상의 부위가 기울어지거나 바르지 못하고, 삐뚤고 이지러지며, 빛이 침침하고 모양이 추악한 것 등이 있다면 모두 빈천상이다. 그러므로 얼굴빛의 화기가 비계덩이 같고 검기가 옻칠 같으며 누르기는 삶은 밤 같고 붉기는 증강(붉은 비단)같은 자는 모두 크게 부귀한다. 그러나 만일 얼굴빛의 붉기가 타오르는 불꽃같은 자는 단명하여 갑자기 숨을 거두고, 터럭 빛깔이 혼탁하고 메말라서 윤기가 없이 티끌처럼 지저분하면 빈궁하거나 일찍 죽는다.

말할 때 눈을 감는 사람은 여자를 좋아하거나 아니면 수줍어하는 사람이다. 또는 거짓말을 잘하는 타입의 사람이다.

(2) 귀

귀는 외적이 나타나는 소리를 속히 듣고 재빨리 도망치기 위한 방어의 표상이라고 한다. 인간의 귀는 소리를 듣는다는 생리작용을 가질 뿐만 아니라 관상학에서 보면 성격, 재능, 운명까지도 나타내 보여주고 있다. 사람들은 흔히 귀의 모양은 평생 변하지 않는 것이라고 여기고 있지만 실은 그렇지 않다. 귀는 의지로서 움직일 수 없고 선천적인 유전의 요소가 강하며, 뇌와 심장과 가슴을 통하여 마음을 사령하는 곳인데 신장과 기가 통하였다. 그러므로 신기가 왕하면 귀가 많아 밖에 들리고 신기가 허약하면 귀가 어둡고 흐리다. 귀는 두껍고 단단하며 위에 붙어 길어야 장수하는 상이요, 윤곽이 분명하면 총명하고, 귀밑 살이 늘어지고 입과 조응하면 재물과 수를 누른다. 귓불이 두터우면 재물이 풍족하고, 귓속에 털이 나면 장수하며, 귀에 사마귀가 있으면 귀자를 낳고 또 총명하며, 귀문이 넓으면 지혜 있고 포부가 원대하다.

귀 전체가 부드럽고 낮은 위치에 붙은 사람은 기억력도 희미하고 무슨 일에 대해서나 끈기가 없다. 귀 전체가 단단한 사람은 다른 부분이 궁상이더라도 가난하다는 판단을 하지 않고 노력여하에 따라서는 성공하는 상으로 볼 수 있다. 귓바퀴가 고르면 성격이 원만함을 말해주는 것이며, 혈색이 좋으면 운이 좋음을 의미한다. 이들 요소를 모두 갖추고 단단하다면 그 귀는 최고의 귀인상이다. 폭이 넓은 귀는 온후하며 상식을 갖추고, 남과 조화를 이루며 사는 것을 중시한다. 또한 강경하게 자기주장을 하지 않고 남과 화목을 유지하면서 희망을 추진한다. 기억력이 좋고 직감력도 발달하였다.

폭이 좁고 작은 귀는 재능은 있어도 덕이 부족하므로 수양을 많이 쌓아야 한다. 귓불이 없는 것 같은 사람은 재능은 갖고 있지만 기분은 초조하기 쉽고 노하기도 쉬운 사람이다. 귀가 단단하다는 것은 신장의 활동이 강한 것을 의미하는데 신장이 충분히 활동하면 건강하고 크게 힘을 쓸 수 있다. 인간이 열심히 일하고 있으면 행운이 찾아오는 것은 당연하며, 이는 귀뿌리에서 떨어져 매달린 귓불을 말하는데 불상에서 많이 볼 수 있는 귓불이다. 귓불의 살집이 두꺼운 사람은 정서가 풍부하고 사교가이며 재물의 복을 타고 나서 활기찬 생활을 보낼 수 있는 사람이다.

예부터 '귓불에 쌀알이 타고 있으면 평생 유복하다.'는 말이 있다. 귓불이 아예 없는 사람은 화려한 생활을 동경하며, 또 섬세한 감정의 기복에 둔한 사람이 많다. 물론 근검절약에 노력하면 귓불도 차츰 생겨날 것이다. 귀가 붉고 윤택하면 주로 관직이요, 하얀색이면 명망이 높고, 검붉은 색을 띠면 빈천하다. 귀가 얇고 앞으로 향하면 전답을 다 팔아 없애고, 뒤로 젖혀지거나 비뚤어지면 거처할 집이 없고, 좌우의 크기가 다르면(짝귀) 매사에 일이 막히고 순조롭지 않다.

'비결'에서 말하기를 「귀가 커서 높은 직에 있는 자는 이름을 사방에 떨치고, 두 귀가 어깨까지 늘어지면 말로 형언할 수 없는 부귀를 누리고, 귀가 얼굴빛보다 희면 이름이 천하에 가득하다.」 하였다.

귀가 작으면 신장의 활동도 약하고 건강에도 자신을 가질 수 없기 때문에 무엇을 하든 끈기가 없다. 끈기가 없는 사람이 성공한 예는 없다. 귓불이 큰 귀는 매우 튼튼한 체력을 가졌으며 행동적이다. 또한 부자가 될 상이며 호탕한 성격으로 때론 대담한 일을 할 사람이다. 살집이 없고 단단한 귀는 건강하고 끈기가 있는 사람이며 나이가 들면서 행복해지고, 귓불이 거의 없는 귀는 튼튼하지만 부지런히 행동하는 사람이다.

골이 좁은 귀는 사소한 일에도 신경을 쓰는 사람이며 또한 거친 것을 싫어한다. 명문이 작으면 명이 짧고, 귀에 푸른 검은색 빛이 있거나 거칠면 타향에 나가 고생한다. 귀에 도두룩한 살집이 붙고 윤곽이 뚜렷하며 붉은 빛이 있으면 부귀영화를 누린다.

빈곤함이 많은 까닭을 모른다면 먼저 귀를 살펴라. 시(時)에서 말하기를 「윤곽이 분명하고 귓불이 늘어지면 일생 인의로 생활하고, 두 귀가 격을 갖추면 학문이 밝아 그 이름을 만고에 떨친다.」하였다. 귀는 위가 쫑긋하나 얇고 귀 뿌리가 뾰족하고도 뒤로 젖혀진 형상이라면 비록 눈보다 높이 솟을 지라도 현명치 못한 상이다.

윤곽이 있고 귀가 두터우면 구슬이 있으나 연약하고, 당나귀 귀와 같이 쫑긋하면 반드시 빈곤한 상이며, 말년에 흉액이 따르고 일에 막힘이 많다.

(3) 코

코가 빈약하면 인생의 꽃은 피지 않는다. 눈에 미치지 못하지만 얼굴의 중심에 있어서 사람의 성격과 운명을 아는 데에 매우 효과가 있다. '잘생긴 코 거렁뱅이는 없다.' 는 속담이 있다. 눈코가 가지런하다는 말이 균형을 이룬 아름다운 얼굴을 가리키는 것을 보아도 잘 알 수 있다.

코가 높은 사람은 자부심이 높고 공격성이 있다. 명예욕과 향상심에 강렬한 의욕을 불태우는 사람이며 아름다움에 대한 감각이 예리하다. 낮은 코는 자신감이 부족한 사람이지만 천박하고 성질이 급해 화를 잘 내는 경향도 있고 사람이 잘 따른다. 매부리코는 생각이 깊고 신념을 가진 사람이며 애교성이 좋은 사람이나 성급한 점이 있으므로 화를 내는 것이 결점이며, 인정이 많고 오래 살 수 있는 활력을 갖추고 있다.

코와 윗입술 사이 식록에 사마귀나 흠이 있는 사람은 가정을 가지는 것이 늦으며 가난한 사람은 몇 차례나 집을 옮길 것이며, 정신적으로도 불안한 상이다. 코끝이 높고 콧구멍이 드러나 있으면 주거가 불안하다. 코가 바르게 뻗어 있으면 끝내 성공하게 되고 코가 좋지 않게 생겼으면 실패해도 회복하기 어렵다. 코에 살이 없어 뼈만 앙상하게 솟고 넓은 코는 체력이 튼튼하며 자기 마음이나 하고 싶은 것을 적극적으로 말하는 사람이나 돈이나 명예에 대한 집착이 강해서 남들한테 빈축을 사는 일이 있으니 주의해야한다.

폭이 좁고 콧방울이 작은 코는 체력이 빈약하고 성격도 내성적이며, 자식이 귀하고 정력도 매우 약하다. 또한 옷에 대한 욕심이 없어 항상 수수하다. 콧방울이 크고 사색형인 코는 화려한 것을 좋아하며 정력적이고 재산을 모을 때 열성적이다. 또한 세심하며 방어심이 강하고 의리에 살고 의리에 죽는 타입이다. 남을 보살펴주는 일을 좋아하나 금전적으론 그다지 풍부하지 못한다. 둥근 코는 의지가 강한 사람이며 고집스러움이 다소 보인다. 남의 의견을 잘 듣기도 한다.

<외국인>

이스라엘인의 코는 욕심이 많아서 돈을 많이 모으지만 교활한 면이 많고, 의지가 굳으며 추진력이 강하다. 코가 날카로우면 재치가 있지만 일을 벌이고 중도에서 그만두는 하차형이 많다. 의지가 강한 사람은 둥근 코가 많고 다소 고집스런 면이 있으니 남의 의견을 주의 깊게 듣는 것이 중요하다.

이탈리아인의 코는 공격적이며 투쟁적인 성격이므로 권력자타입이다. 반면에 화합성이 부족하여 남들이 따르려고 하지 않으며, 실행력이 뛰어나고 용맹스럽다.

그리스인 코는 예술적 센스가 풍부하며 고상하고 싸우기를 싫어하며 자비심이 무척 많다. 코가 굴곡이 많으면 가난하고 고독하여 어려움이 많다. 연상과 수상에 주름이 지고 가로로 선이 그어져 있으면 질병이 많고 요절할 상이다. 콧등이 바르지 않고 구불구불하면 어려운 일이 많이 생기고 전답과 가옥을 처분한다.

콧구멍이 아궁이처럼 넓어서 뻔히 드러나 보이는 사람은 재산을 모두 없애고 가난하게 된다. 코는 중년의 운을 주관하는 곳이다. 코가 풍성하게 솟으면 부귀를 누리고, 코가 깡마르거나 휘어지면 일이 굴곡지고 실패가 많다. 코에 가는 세로줄이 있는 사람에게 고생이 많다는 것은 유전자적으로 자기의 몸을 대표하는 코가 만족하는 일 없이 쇠퇴하였음을 뜻한다.

여자는 대체로 코가 보드라워야 마음도 솔직한 것으로 보는데, 여자로서 코가 단단하면 물론 마음도 솔직하지 못하고 그 때문에 남편은 고생을 면치 못한다.

들창코로 콧구멍이 마주보는듯한 사람은 윗사람과 좀처럼 의견이 맞지 않으며, 이상을 가진 사람은 타향살이하는 사람이 많고 돈을 쓸 때 없이 써버리는 습성이 있다. 살이 붙어 있는 코는 운세가 왕성한 상태를 의미하고, 점이나 흠이 없다는 것은 아무 지장도 없는 것을 나타내며, 길다는 것은 마음도 확고하고 수명도 긴 상임을 나타낸다.

(4) 입과 입술

무엇이든 하고자 하는 의욕과 의지력은 입과 입술을 보면 알 수 있다. 지성미는 눈에 나타나고 감정의 아름다움은 입가에 나타난다고 한다. 미인이라도 혐오한 느낌을 가져오게 하는 것은 입모습이 좌우한다.

입이 큰 사람은 도량이 크고 입이 작은 사람은 내성적인 반면에 점잖은 성격이다. 큰 입은 명랑하고 재능도 뛰어나며 일하기를 좋아해서 남녀를 불문하고 생활의욕이 왕성하다. 입이 크고 혀가 작은 사람은 말을 잘한다.

입이 작은 사람은 소심하고 이기적인 것이 단점이지만 마음은 매우 상냥하다. 적극성을 보이는 것이 장점이며 늘 굳게 다문 입은 남성적이며 의지가 강함을 나타낸다. 마음이 따뜻한 사람은 입을 약간 벌리고 미소를 짓는다.

그믐달처럼 생긴 입은 신념이 강함을 나타내고 고집스런 점이 있으며, 그 반대인 초승달 형은 여배우에 많은데 남성에게도 흔히 있다. 인기가 있고 밝은 느낌을 주어 분위기에 취하는 정령가이며 사교가이다.

눈동자가 누르스름하고 눈썹 뼈가 솟아 있으며, 늘 입이 벌어지고 목소리가 분명치 않은 자는 가난하지 않으면 단명한다. 입에다 음식을 먹을 때 가까이 대고 먹지 않고 머리를 앞으로 쑥 내밀어 먹는 자는 성질이 탐욕스럽고 재산이 뿔뿔이 흩어진다. 입술 상, 하, 좌, 우에 붉은 반점이 생기면 시비와 구설이 늘 일어난다. 입이 벌어진 사람은 남녀 모두 마음이 흐트러져 있고 일도 깔끔하게 처리하지 못하는 성격이지만 관찰이나 예측에 뛰어난 점이 있으며, 얇은 입술은 사물을 이

론적으로 생각하려고 하며 냉정한 성격이므로 남에게 차가운 인상을 준다. 얇은 입술은 미각이 뒤떨어져 음식점 경영에는 부적절하며 대개는 웅변가이다. 언제나 입속에 침이 고이듯 물기가 있는 사람은 양친을 일찍 여월 상이다. 더구나 끈기가 부족하고 자손연도 희박하다.

입이 얼굴에 비해 작은 사람은 생각하는 것도 작고 사소한 일에도 놀라기를 잘하며, 윗입술보다 아래 입술이 더 나온 사람은 윗사람과 의견이 맞지 않고 자꾸 직장이 바뀐다.

두꺼운 입술은 건강하고 인내심이 강한 성격이며 타인에 대한 배려가 깊고 감정이 매우 풍부하다. 그렇지만 말 수단은 좋지 않으며, 입술은 혀와 함께 미각에도 밀접한 관련이 있어 두꺼운 입술은 음식에도 깊은 관심을 갖는다. 윗입술이 두꺼운 사람과 아랫입술이 두꺼운 사람으로 나뉘는데, 윗입술이 두꺼운 사람은 남의 어려운 일을 기꺼이 잘 도와주는 사람이며 자기의 주장을 별로 나타내지 않는 타입니다. 아랫입술이 두꺼운 사람은 상사들을 잘 들이 받는 성격으로, 이론적으로 생각하며 자기의견을 분명히 말한다. 또한 이야기를 좋아하는 사람이다.

입이 반듯하며 기울지 않고 두터운 자는 의식이 넉넉하나 사각형과 같은 입은 부족하다. 입이 뾰족하거나 혹은 뒤집힌 듯 치우치거나 입술이 얇은 자는 빈천하고 말하지 않을 때도 입을 움직인다. 또 말의 입과 같으면 굶주리게 되고, 입이 검붉은 자는 일에 막힘이 많으며, 입이 다물어지지 않아서 이빨이 훤하게 드러나는 자는 좋을 때를 만나지 못할 상이다.

웃을 때 잇몸이 드러나는 입은 건강하고 매우 명랑한 성격이며 허세도 없고 숨기지도 못하는 사람이다. 뾰족하게 입이 튀어나온 사람은 말하기를 좋아하며 지기 싫어하는 사람이다. 때문에 다투는 일이 자주 있다. 받는 입을 가진 사람은 자기 방어를 하려는 마음이 강해서 변명하기를 잘하며 반성하려는 마음이 부족하다.

말려 올라간 윗입술은 술을 좋아하며 늘 자극을 갈구한다. 감정의 기복이 심하며 굉장히 우월감이 강한 사람이다.

입이 검붉으면 미인이 관계하는 곳에 들어가지 말아야 하며, 만일 여자 같으면 남편을 가련하게 할 수 있다. 입이 크나 혀가 얇으면 마음의 풍류를 좋아하니 이와 같은 사람은 영원히 흉악함이 없을 것이다.

입의 빛깔이 붉어야 하고 입의 소리는 맑아야 하며, 구덕을 단정하게 해야 하고 입술은 두터워야 한다. '비결'에서 말하기를 「입이 주사를 뿌린 것 같으면 실록과 장수를 누리고, 입이 단사를 바른 것 같으면 굶주림을 받지 않으며, 입이 주사와 같이 붉으면 부귀의 상에 마땅하다. 입이 소입술 같으면 필시 현인이 되나니 특히 구덕은 아니더라도 또한 성품이 순진하다.」 하였다.

제4장

비만형·여윈형·혼합형

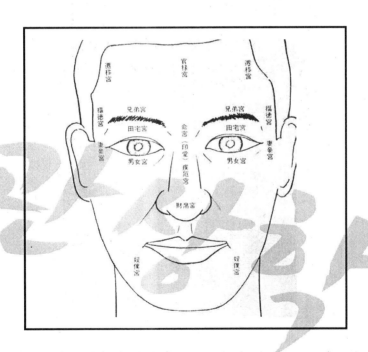

범죄 관상 기록

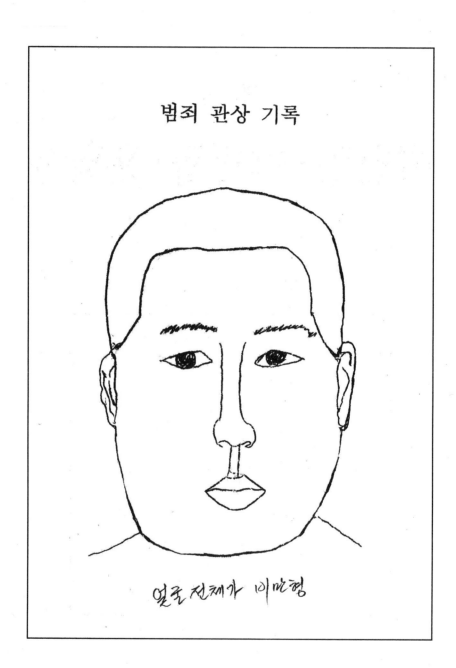

얼굴 전체가 이마형

제4장 비만형·여윈형·혼합형

1. 비만형

현대에는 관상술도 사진과 컴퓨터로 판단하는 시대가 되었다. 그러나 한편으론 사람의 손에 의한 수동식 일이 크게 존중받는 시대이므로 사람의 의한 관상술이 없어지지는 않을 것으로 판단된다. 더구나 우리들의 안면은 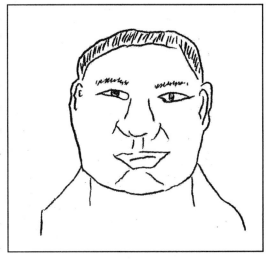 매우 자세하게 판단하는 능력을 가지고 있어야만 자그마한 것도 즉시 알 수 있게 된다. 이러한 것들이 다른 부분에 있다면 매우 판별하기 어려울 것이다. 비만형들은 성질이 온순하여 명랑하며, 어느 정도 탐욕적인 면은 있으나 싸움질을 좋아하지 않는 온화주의자이다.

범죄 관상 기록

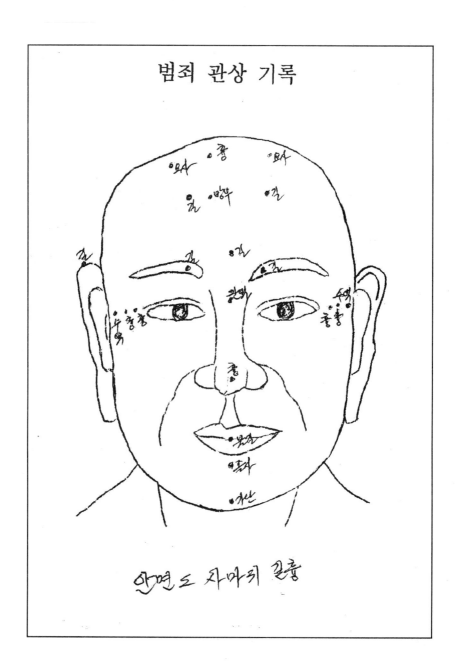

안면도 자마되 길흉

2. 야윈형

남자에게도 야윈형이 있다. 얼굴비율은 거의 비만형이 1/3, 야윈형이 1/3이며, 근골형이 1/3이라고 보아야 한다.

3. 난형(달걀형)

그림처럼 달걀형인 사람으로서 이마가 넓으며 머리는 둥글다. 남녀 동일하며 이런 형이 많이 있다. 코, 입, 눈, 귀 등도 잘 갖추어져 있으며 균형이 잘 잡혀있다. 지성적이며 상식파지만 기분파도 많다.

범죄 관상 기록

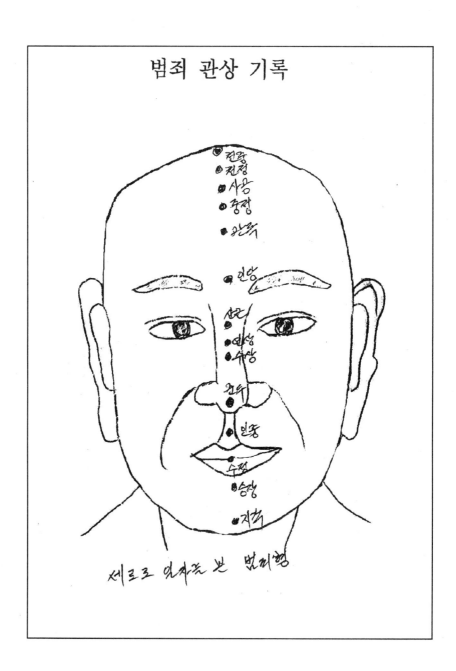

천곡
천정
사공
중정
완력

인당
선근
여정
수상
완두
인중
수적
승장
지각

세로로 역자로 본 범죄형

4. 혼합형

사각형과 난형의 혼합으로 이마는 남파간첩형처럼 사각형 모양이며, 턱은 원만한 타입이다. 가장 보통적인 얼굴이다.

5. 전택궁이 좁은 사람
6. 전택궁이 넓은 사람

좁은 전택궁을 가진 사람은 일반적으로 여자인 경우 정숙한 처이나 더러운 음란한 상도 있다. 술집이나 물장사를 하는 여성으로서 화장이 짙은 사람도 있는데 여러 가지로 고생을 해도 별좋은 결과가 나타나지 않는다. 전택궁이 좁은 사람은 사마귀가 있으면 더욱 팔자가 세다.

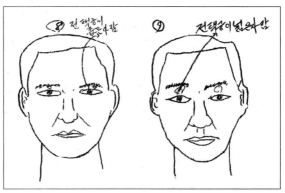

범죄 관상 기록

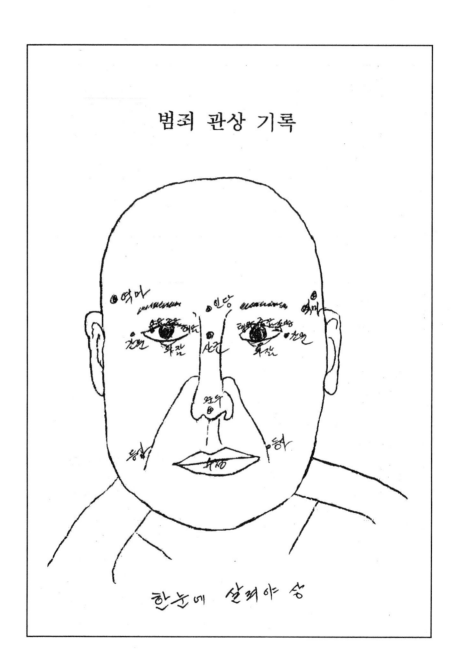

한눈에 살펴야 상

7. 사마귀

  이곳에 검은 사마귀가 있으면 나도 모르는 사이에 불운과 사업, 장사와 남편도 잃는다.

8. 천이궁

  천이궁은 주고받는 운과 여행을 보고 상처가 있으면 원형 길을 주의해야 한다.

9. 인연, 재물운

  재물과 금전운을 볼 뿐만 아니라 그 사람의 연분, 인연관계도 본다.

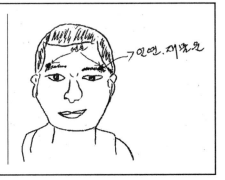

범죄 관상 기록

중요 안면S

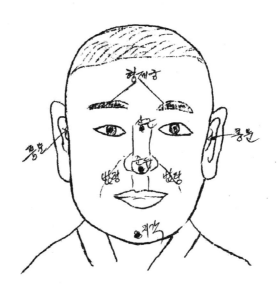

〈한번에 살펴야 할 관상〉

10. 눈의 관상법

"눈은 마음의 창" 또한 "눈은 입보다도 표현을 잘한다."
라고도 했다. 그 사람의 눈을 보면 눈을 본 것만으로 그 사람
이 자기에게 악의적인가 호의적인가, 그리고 선인인가를 영감
적으로 판단할 수 있다. 눈에 따라 그 사람의 성질이나 운세
까지를 간파할 수 있어 신중을 기해야 한다.

큰 눈이라도 노려보는 눈이 있다. 신념이 완고하다고 할 만
큼 강하다. 고난을 일으키고 시종일관하는 사람이다. 둥근 눈인
사람은 성격이 강하고
바람둥이 상이다. 치켜
올라간 눈인 여성은
히스테릭한 사람이다.
그리고 질투심이 많고
강한 신념과 행동력으
로 자기의 목표를 달
성한다. 눈 끝이 내려
져 있는 사람은 애교
형이나 엉큼한 면도
있다. 투기꾼이나 악질
적인 상인들에게 많다.

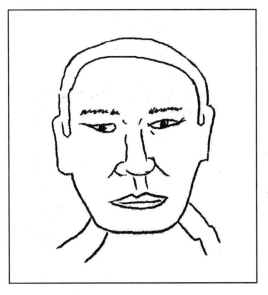

범죄 관상 기록

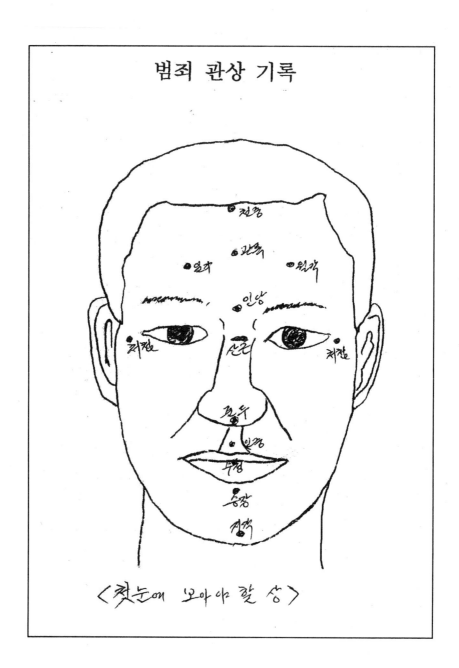

〈첫눈에 보아야 할 상〉

11. 안 부위 각 명칭

운명색이 짙은 삼백안에는 상 삼백안과 하 삼백안이 있으며, 냉혹하고 성질이 원만하지 않다. 삼백안은 주로 조직깡패나 과격한 단체의 운동원이며, 항상 교통사고에 주의해야 한다.

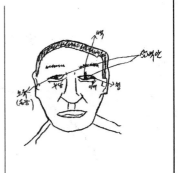

12. 날카로운 안을 지닌 용안

언제나 자신의 재능과 운명을 타개하고 노력을 아끼지 않는 사람이다. 작가나 운동선수로 성공하는 형이다.

13. 웬지 친밀감을 갖게 하는 원앙안

이 안은 성격이 원만하고 기업인으로는 과장, 부장이 될 사이다. 적극성이 부족한 소극적인 형이다.

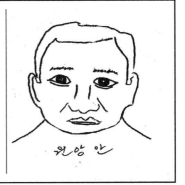

범죄 관상 기록

우ㅇㅇ의 범죄행

14.물고기 눈

물고기 눈은 결코 예리하지 않은 성격이다. 소극적인 사람으로 운명을 정체시킨다.

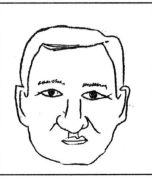

15. 고양이 눈

고양이 눈의 소지자를 보면 무언가 빨려 들어가는 의심을 느낀다. 이런 눈은 사람은 타인을 자기스타일로 끌어 들이는데, 이때 끌려드는 사람은 큰일이나 작은 일이나 크게 실패하며 피해를 입게 된다. 극악한 사람이 제일 많으며 직업운도, 남녀운도 좋지 않다.

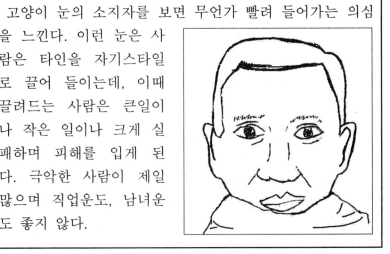

범죄 관상 기록

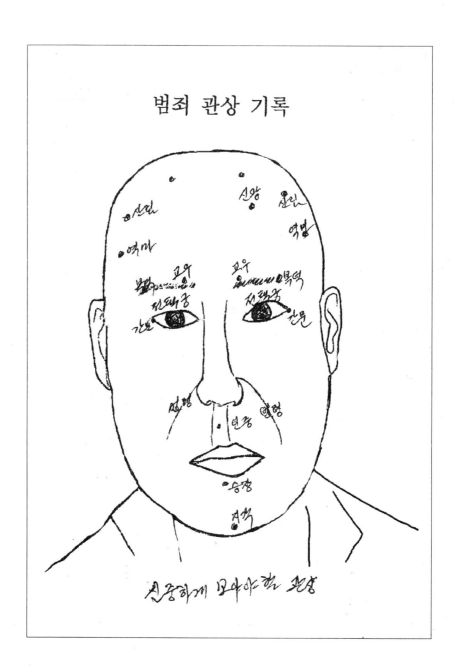

- 152 -

16. 유연하게 사람을 포섭하는 사자안

백수의 왕인 사자의 눈으로서 상하의 검이 이중, 삼중이며, 눈이 크다. 재계인 중에 사자눈인 사람이 많다. 여성으로서 이 눈을 가진 사람은 가정에 돌아가면 자녀들로 인해 끝없이 고생하며 어느 때는 인과응보를 받는다.

17. 원숭이 눈

원숭이 눈을 가진 자는 남녀가 모두 장수하는 사람이다.

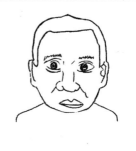

제5장
범죄자의 혼합형

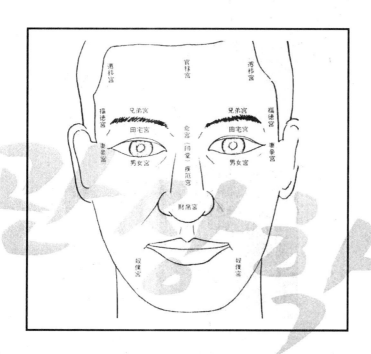

범죄 관상 기록

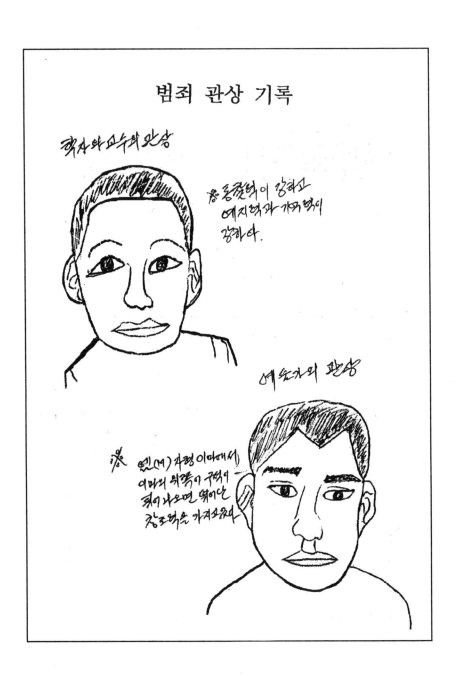

학자와 교수의 관상

응 돌출턱이 강하고
에지력과 가지력이
강하다.

여순경의 관상

응 왼(여) 직형 이마에서
이마의 외곽이 구획이
획이 나오면 역이만
장도력은 가져오요다

- 156 -

제5장 범죄자의 혼합형

1. 조OO(문화계 블랙리스트 무늬)

조OO(51) 문체부장관은 직권남용혐의(강요) 부패로 국회의 감정 및 위증죄를 처벌 받아 머리카락은 이리저리 헝클어지고 마음이 안정적이지 못하나 속으로 독심을 품고 있는 것이 얼굴 전체에 나타난다. 현재 이마는 힘이 없으나 조금만 있으면 윤기가 나서 본래대로 돌아갈 것이다. 눈썹과 눈썹 사이가 좁고 형제, 자매지간에 큰 고통을 받을 사람이다. 또한 눈썹이 가지런하지 않고 눈이 눈썹보다 길어서 아랫사람들의 질투심을 받아 구설수가 매우 많이 따르고, 눈은 보통 눈으로 혈색이 뒤쳐져 있어 당분간 고생을 할 팔자다. 코가 줄기차게 곧게 열려서 교도소에서 나오면 만사형통할 것이며, 준두(콧등)에서 입까지, 즉 인중에 홈이 깊어 환란이 따를 상이다. 인중이 꽉 째여 있으면 좋으련만 현재 그렇지 못하니 당분간 몸을 추슬러야 할 것이다. 입술이 아름답고 고우면 지각(턱)이 발달되어 말년운이 아주 좋다.

범죄 관상 기록

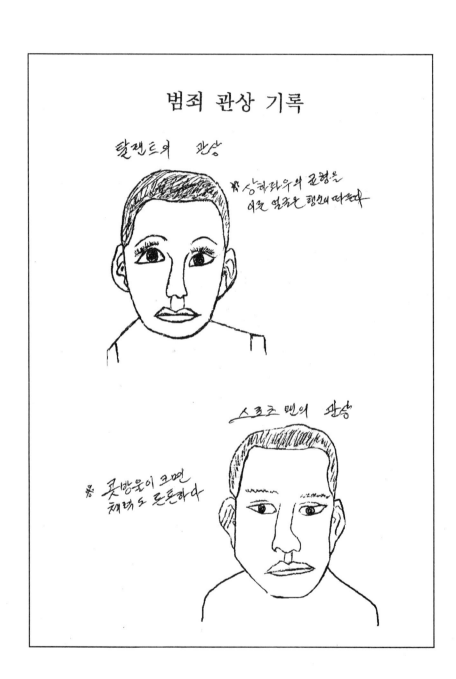

탈랜트의 관상

※ 상하좌우의 균형은
여러 얼굴은 행인의 따른다

스코츠 맨의 관상

※ 콧방울이 크면
채력도 튼튼하다

2. 특별형 : 희대의 사기범 윤OO

  머리카락은 살랑살랑하여 엉키지 않고 가늘며 길다. 너무나 영악한 전형적인 사기꾼으로, 눈도 꿈쩍 않고 미소를 지으면서 말문을 여는 사람이다. 코는 이단코로 꺾어지는 매부리코로 너무나 이기적이어서 남들은 신경도 안 쓴다. 눈썹은 삼각미이다. 이마는 훌러덩 까지고, 개기름이 번지르르한 범죄형이다. 인중은 길어서 장수상이나 홈이 없는데, 이는 하나도 고생하지 않았다는 증거다. 삼근은 툭 튀어나와 있고 삼근부터 준두까지가 아름답지 않다. 입이 중간크기로 언변에 달인인데 이런 관상은 천부적으로 타고 난 것이다. 미소가 적으며 위엄성이 하나도 없다. 이 사람 윤OO은 10년 만기 출소하고 재범을 반드시 하는 스타일이다. 불우한 운명의 소유자로 평생을 감옥에서 살 팔자다.

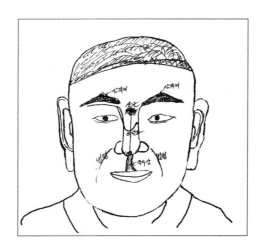

제6장

황제내경과 범죄관상학

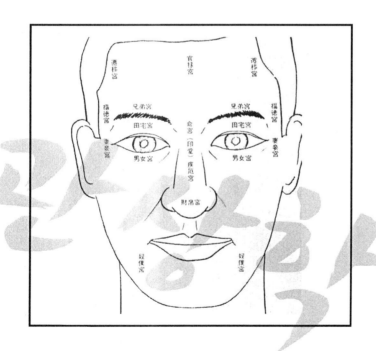

제6장 황제내경과 범죄관상학

<몸의 안과 밖이 먼저 전하는 질병의 신호>

병은 도둑처럼 부지불식간에 찾아오지 않는다.

먼저 소식을 전하게 되어있다. 선전포고로 전쟁의 시작을 알리는 적처럼 소식을 먼저 전하여 대비하게 하니 교만하거나 혹은 착한 도둑 같기도 하다. 거미줄처럼 온몸에 분포한 핏줄, 힘줄, 신경선 등을 통하여 어느 곳에 병이 들라치면 전파만큼이나 빠르게 몸의 안과 밖에 신호를 보내 쳐들어올 병마에 대비하게 하니 말이다. 모든 질병의 원인은 오장육부로부터 발생하고 그 소식은 재빠르게 몸의 안과 밖에 전해진다. 몸속에서 느껴지는 아픔이나 혹은 이상한 기미가 그러하다. 몸 밖으로는 대소변의 소통 내지 색깔의 변화와 양의 많고 적음, 그리고 피부와 발톱의 이상 징후라든지 눈, 귀, 코, 입 (얼굴), 허리, 무릎, 목, 어깨, 팔, 하다못해 머리카락 한 올의 변색까지 오장육부 중 어느 하나에 이상이 생기면 이는 병마에 대비하라고 보낸 신호이다. 이 때 얼굴 관상을 살피고 자세히 얼굴의 중요한 부위를 들여다봐야 한다. 이상한 기미 내지 몸 밖 여러 곳에 발생한 뜻밖의 현상을 보고 즉시 오장육부를 치료하면 위험한 병에 걸리지 않을 뿐더러 건강하게 오래 살 수 있다.

<예방이 최선책>

수 천 년이 지난 지금까지 천하제일의 명의 자리를 차지하고 있는 편작이 말했다. "중병에 걸려 사경을 헤매는 환자를 치료하면 보통의사"이고, 가벼운 병을 치료하여 중병을 앓지 않게 하는 의사가 명실 공히 "명의"이며, 가벼운 병마저 앓지 않게 예방 조치하는 의사가 "신의"라 하였다. 그러니까 몸의 안과 밖에 나타난 이상 징후를 알아차리고 병이 깊어지기 전에 재빨리 치료하는 의사가 진정한 명의이다. 시기를 놓치고 난 뒤면 깊어질 대로 깊어진 중병을 고치기도 어려울뿐더러 고쳐봐야 망가질 대로 망가진 몸은 심하게 파손된 자동차와 같아서 온전하게 오래 보존하지 못한다. 이런 의사는 그저 그런 의사에 지나지 않을 것이다. 병의 결과만 보고 치료하는 요즘의 의술에 의탁하기보다는 자기 몸은 자기가 살피는 것이 좋을 것 같다. 자기 몸에 발생하는 이상 징후는 심리 변화나 관상을 살피는 자신이 가장 잘 알테니 말이다. 몸의 안과 밖에 발생한 이상 징후를 알아차리고 어느 장부가 병마의 침입소식을 급히 보냈는지 알아두면 스스로를 위한 명의가 될 수 있을 것이다.

이 이야기를 하기 전에 오장육부에 침입한 병마가 어떤 전이과정을 거쳐서 중병을 앓게 하고 종내는 죽음을 맞이하게 하는지부터 먼저 알아보는 것이 순서일 것 같다. 어느 오장이든 병이 들면 그 장부에만 머물지 않고 다른 장부로 옮겨가서 중병을 앓게 하는 경우가 대부분이기 때문이다.

첫째, 신장·방광은 간담으로부터 사기(병을 유발하는 나쁜 물질 또는 기운)를 받아서 병이 든다. 사기가 신장·방광에 머물다가 심장·소장으로 옮겨가 병들게 한 다음 다시 폐·대장으로 옮겨 간다. 폐·대장이 망가지면 마지막으로 비위로 간다. 이 때 비위마저 병들면 천하에 둘도 없는 명의도 고칠 수 없다. 따라서 간담으로부터 사기가 신장·방광으로 옮겨가기 전에 몸의 안과 밖의 징후를 알아차리고 간담의 사기를 치료해야 한다. 신장·방광이 병들지 않게 하는 것이 제일 중요하다. 만약 이 시기를 놓쳤으면 심장·소장을 치료해 폐·대장이 병들지 않게 해야 한다. 그래도 시기를 놓쳤으면 급히 서둘러 사기가 비위로 옮겨가기 전에 폐·대장을 치료해야 한다.

둘째, 간담은 심장·소장으로부터 사기를 받아서 병이 든다. 사기가 비위를 병들게 한 다음 신장·방광으로 옮겨가서 신장·방광을 병들게 한다. 신장·방광이 망가지면 마지막으로 폐·대장으로 옮겨가는데 이 때 폐·대장마저 병들면 세상과의 이별이다. 심장·소장의 사기가 간담으로 옮겨가기 전에 몸의 안과 밖의 징후를 알아차려서 심장·소장의 사기를 먼저 치료하여 간담이 병들지 않게 하는 것이 제일이다. 이 시기를 놓쳤으면 간담을 병들게 한 시기가 비위로 옮겨가기 전에 간담을 치료해야 한다.

셋째, 심장·소장은 바위로부터 시기를 받아서 병이 든다. 사기는 심장·소장 → 폐·대장 → 간담 → 신장·방광으로 옮겨간다.

넷째, 비위는 폐·대장으로부터 사기를 받아서 병이 든다. 이 또한 옮겨가는 과정은 다음과 같다. 즉, 비위 → 신장·방광 → 심장·소장 → 간담이다.

다섯째, 폐·대장은 신장·방광으로부터 사기를 받는다.

폐·대장 → 간담 → 비위 → 신장·방광 → 심장·소장이 전이과정이다.

<병이 중하면 음식과 약초를 함께 써야>

이상의 내용은 가벼운 병이 중증으로 옮겨가는 과정이다. 사기는 항상 오장육부에 침범하여 병을 유발하고 앞에서 말한 순서대로 전이되기 마련이다. 오장은 사기가 침범하자마자 몸의 안과 밖에 신호를 보내 병에 대비하게 한다. 오장에 침범한 사기가 강력할 때는 앞에서 말한 순서를 따르지 않고 곧바로 자기가 이기는 장부로 쳐들어가면서 급성으로 병을 유발한다.

천지만물은 상생하고 상극하거니와 오장육부 역시 상생상극의 논리 안에서 작용하며, 그것이 바로 늙고 병들어 죽는 원리이다. 상극에 있어서 화는 금을, 금은 목을 극하고, 목은 토를, 토는 수를, 수는 화를 극한다는 논리를 따른다. 즉 심장(화기)은 폐·대장(금기)을 이기고, 폐·대장은 간담(목기)을 이기고, 간담은 비장(토기)을 이기고, 비위는 신장·방광(수기)을 이기고, 신장·방광은 심장·소장(화기)을 이긴다. 이기는 장부는 사기가 침범할 때 몸의 안과 밖에 신호를 보낸다. 이때는 대개 가볍지 않은 무거운 병이어서 신호 역시 강력하므로 분명하게 느낄 수 있다(음양오행 상극상생 원리공부).

치료 방법은 이기는 장부가 신호를 보내면 그 장부의 사기를 사해주고 침범을 당한 장부를 도와주는 약을 쓰면 된다.

즉 간담에 사기가 심하게 침범하였으면 간담의 사기를 사해주는 심장·소장과 침범을 당하는 비위를 도와주는 약을 써야 한다는 것이다. 심장·소장에 사기가 심하게 침범하였으면 간담의 사기를 사해주는 비위와 침범을 당하는 폐·대장을 도와주는 약을 써야 한다. 비위에 사기가 심하게 침범하였으면 비위와 사기를 사해주는 폐·대장과 침범을 당하는 신장·방광 약을 처방해야 한다. 폐·대장에 사기가 심하게 침범하였으면 폐·대장의 사기를 사해주는 신장·방광과 침범을 당하는 심장·소장의 약을 쓰면 된다. 병이 가벼우면 음식으로 치료할 수 있으나 병이 무거우면 여러 차례 소개해 온 심식과 약초를 참고하여 함께 쓰는 것이 좋다.

몸의 안과 밖의 신호에서 병이 드는 장부를 알아차리는 것도 중요하지만 심리변화 현상이 더 신속하게 오장의 정보를 제공해준다.(이때 심리변화 현상을 범죄 관상학 청, 황, 백, 적, 후의 오색으로 판단한다.)

사람의 마음은 기후변화에 상응한 오장육부의 변화에 민감하게 반응한다. 그 변화도 육신과 달리 대단히 세속적인데다 선에 반하여 악한 번뇌여서 인체에 지대한 영향력을 미친다. 이 번뇌를 일컬어 오악이라 하는데 불교에서는 이를 오온(색, 수, 상, 행, 식)이라 하고 오온이 바로 일체 고통이요, 재앙이라 하였다. 오온이란 무심의 경계에서 문든 한 생각(물질에 종속된 번뇌의 종자)이 일어나는데 이때 이 생각을 받아들이는 의식이 요동해 악의 씨눈이 된 것을 말한다. 오온은 항상 번뇌를 일으키는 잠재의식에 자리 잡으며, 욕망의 불꽃으로 타오르는 행에 발현해 드디어 악의 실제 모습인 식(굳어진 오악의 앎)이 되어 마음을 괴롭히고 오장을 병들게 한다.

<괴로움이 깊으면 병도 중해져>

　사실 마음의 괴로움은 육신의 통증이 아니라서 오장의 병과 무관하게 생각할지도 모른다. 하지만 육신의 반응보다 더 분명하고 더 적나라하게 표출된다. 더욱더 극단적일 때는 자신의 육신을 해하거나 죽음으로 몰고 가기도 한다. 선불심의 조종 달마대사의 초대제자 혜가 스님은 "네 마음이 어디에 있느냐, 꺼내보아라."라는 달마대사의 한 마디 질문에 냉큼 비수를 꺼내 자기의 한 쪽 팔을 싹둑 잘라 흐르는 피로 진심을 나타낸 뒤에야 달마대사의 제자가 되었다는 이야기가 있다(혜가 스님 장수 출신).

　초개 같이 자기의 목숨을 버리기도 하는 일처럼 육신에 전하는 마음의 영향력은 상상을 초월한다. 그런데 그렇게 자기 자신을 해하거나 죽음으로 몰고 가는 마음자리는 다름 아닌 오장(오온)이란 사실에 유념해야 한다. 가슴을 저미는 슬픔과 증오는 심장의 본성인 사랑을 불사르고 솟구친 악한 탁기이다. 애통한 우울증은 폐의 본성인 올곧고 의로움을 불사르고 솟구친 탁기이다. 극심한 근심걱정은 거짓 없는 진실이 본성인 비장의 악한 탁기이다. 가슴을 조이는 공포는 사리를 분별할 수 있는 힘의 본성인 신장의 악한 탁기이다. 이와 같이 다섯 가지 본성(오선)을 품고 있는 오장에 사기가 침범하면 오장의 본성(인·의·예·지·신, 유교에서는 오상이라고 한다.)이 마음을 요동시켜서 괴롭히는 것이다. 이 괴로움이 깊으면 깊을수록 병도 따라서 중해진다. 의지와 상관없이 불쑥불쑥 솟아오르는 예상치 못한 마음의 변화에서 병증을 예단할 수 있다.

재미있는 것은 마음의 변화 역시 오행에 배속해 상생상극한다는 사실이다.(상생상극 ⇒ 목 $\overset{생}{\rightarrow}$ 화 $\overset{생}{\rightarrow}$ 토 $\overset{생}{\rightarrow}$ 금 $\overset{생}{\rightarrow}$ 수) 물론 오장이 오행의 에너지이기는 하지만 마음까지 배속되는 것으로 보아 마음 역시 물질의 하나임을 알 수 있다. 인과 분노는 목기의 본성과 속성이고, 예와 기쁨과 슬픔은 화기의 본성과 속성이다. 의와 애통함은 금기의 본성과 속성이고, 신과 근심걱정은 토기의 본성과 속성이다. 지와 공포는 수기의 본성과 속성이다.

이처럼 마음이 물질이기 때문에 마음의 힘이 오장을 병들게도 하고 낫게도 하는 것이다. 따라서 좋은 마음은 약이 되고 탁한 마음은 병이 된다. 마음도 상생상극하므로 마음의 변화는 병증의 전이과정과 같이 전개된다.

먼저 상극에 있어서 분노는 근심걱정을 누르고(토극수, 비장은 신장을 극함), 공포심은 기쁨과 슬픔을 누르고(수극화, 신장은 심장을 극함), 기쁨과 슬픔은 애통함을 누르고(화극금, 심장은 폐를 극함), 애통함은 분노로 누른다(금극목, 폐는 간을 극함).

<증세에 따라 희로애락도 옮겨 다녀>

병증에 따른 마음의 전이과정은 다음과 같다.

첫째, 간담에 사기가 가장 먼저 침범하면 분노가 잦아지는데 탁기가 신장·방광으로 옮겨가서 신장·방광을 병들게 한다. 병든 신장·방광은 두려움까지 발상해 정신적 피로 정도가 심해진다. 그러다가 신장·방광에서 두려움을 생성시킨 탁기는 심장·소장으로 옮겨가서 심장·소장을 병들게 한다. 눈물이 많고 웃음도 많은 심리변화를 일으키다가 폐·대장으로 옮겨가는데 이때부터 정신을 어지럽히는 온갖 상념에 휩싸인다. 또 애통한 마음까지 더해진다. 만약 이때 폐·대장을 고치지 않으면 마지막으로 탁기가 비장·위장으로 옮겨가서 근심걱정까지 겹쳐 괴로워 하다가 세상과 이별한다.

둘째, 심장·소장에 사기가 가장 먼저 침범하면 슬픔과 기쁨을 교차시키는 변덕이 죽 끓듯 하는데 탁기가 간담으로 옮겨가서 간담을 병들게 한다. 그리고 병든 간담은 타인을 증오하고 미워하는 분노까지 발산해 정신적 피로 정도가 심해진다. 그러다가 간담에서 분노를 생성시킨 탁기는 비장·위장으로 옮겨가서 비장·위장을 병들게 한다. 근심걱정으로 마음을 걷잡지 못하게 하다가 신장·방광으로 옮겨가 공포심까지 더하게 된다. 만약 이때 신장·방광을 고치지 않으면 탁기가 폐·대장으로 옮겨가서 절망감까지 겹쳐 괴로워 하다가 세상과 이별한다.

셋째, 비장과 위장에서 사기가 가장 먼저 침범하면 근심걱정이 많아서 잠을 못 이루는데 탁기가 심장·소장으로 옮겨가서 심장을 병들게 한다. 그리고 병든 심장·소장은 슬픔과 기쁨을 교차시키는 심리변화를 자주 일으켜 정신적 피로가 심해진다. 그러다가 기쁨과 슬픔을 생성시킨 탁기가 폐·대장으로 옮겨가서 폐·대장을 병들게 한다. 이후 우울증과 절망의 괴로움으로 마음을 다잡지 못하게 하다가 간담으로 옮겨가서 성질을 내게 한다. 만약 이때 간담을 고치지 않으면 탁기가 신장·방광으로 옮겨가서 죽음의 공포에 시달리게 된다.

넷째, 폐에 사기가 가장 먼저 침범하면 괴로움이 많아서 우울해지는데 탁기가 비장으로 옮겨가서 비장을 병들게 한다. 그리고 병든 비장은 근심걱정을 심화시켜서 정신적 피로 정도가 심해진다. 그러다가 근심걱정을 생성시킨 탁기는 신장으로 옮겨가서 공포에 떨게 하거나 심장으로 옮겨가서 변덕스럽게 기쁨과 슬픔까지 교차시켜 마음의 갈피를 잡지 못하게 한다. 만약 이때 심장을 고치지 않으면 탁기가 간으로 옮겨가서 타인을 증오하고 미워하는 분노로 괴로워하다가 죽음을 맞게 된다.

다섯째, 신장·방광에 사기가 가장 먼저 침범하면 무서움을 잘 타는데 탁기가 폐로 옮겨가서 폐·대장을 병들게 한다. 그리고 병든 폐·대장은 절망감을 자주 느끼고 우울해져서 정신적 피로 정도가 심해진다. 그러다가 우울증을 생성시킨 탁기는 간담으로 옮겨가서 타인을 증오하고 미워하는 등의 분노를 잘 터뜨리게 하다가 비장·위장으로 옮겨가서 근심걱정으로 마음을 혼란스러워지게 한다. 만약 이때 비장·위장을 고치지 않으면 탁기가 심장으로 옮겨가서 슬픔에 빠져 있다가 세상과 이별한다.

이처럼 몸에 병이 들면 오장육부로 전이되는 과정에 따라서 타인, 심지어 자신조차도 이해할 수 없는 심리변화를 일으킨다. 전이과정을 밟지 않는 경우도 없지 않은데 초기 병이 드는 장부에 침범하는 사기가 많아지면 스스로 병들고 곧바로 장부로 쳐들어가 중병을 유발한다. 이때는 성격의 변화도 급격해진다. 즉 간담에 사기가 심하게 침범하면 성격이 폭발적으로 변하는데 마치 미풍에도 흔들리는 풀잎처럼 민감하게 반응한다.

<사기의 해악>

사기는 비위로 쳐들어가 무거운 병을 유발하며, 심장·소장에 심하게 침범하면 갑자기 눈물이 많아지고 소심해진다. 또 사기는 폐·대장으로 쳐들어가 무거운 병을 유발하며, 비장·위장에 심하게 침범하면 갑자기 의심이 많아지고 근심걱정이 심해 불안한 마음을 추스르지 못하게 된다. 폐·대장에 사기가 심하게 침범해도 갑자기 의심이 많아지고 근심걱정이 심해 불안한 마음을 추스르지 못한다.

폐·대장에 사기가 심하게 침범하면 우울증으로 극단적인 선택을 할 수 있다. 아울러 사기는 간담으로 쳐들어가 무거운 병을 유발한다.

신장·방광에 사기가 심하게 침범하면 공포증에 시달리고 자주 가슴이 불규칙적으로 뛴다.

다음 회부터는 오장육부 별로 중병을 앓는 사람들을 예로 들어 몸의 안과 밖 내지 마음의 변화 과정을 자세히 설명할 예정이다.

<간담이 병들 때 몸의 반응과 심리변화>

간은 해독 작용을 한다. 미세해서 그렇지 모든 음식에는 독성이 있다. 특히 봄 식물은 생으로 많이 먹으면 구토·설사를 유발할 만큼 독이 있다. 식물도 자신을 보호하기 위한 무기가 필요했던 것이다.

간은 이러한 독성 외에도 인체에 해가 될 만한 성분을 분해해서 몸 밖으로 내보내는 역할을 한다. 그리고 생산한 담즙을 소장으로 보내 소장이 영양소를 잘 흡수하게 하고 소화를 돕는다. 지방을 분해하여 체중을 조절해 주고 근육을 다스려서 몸을 곧고 바르게 하며, 힘을 쓰게 하고 손발톱을 자양하여 살이 상하지 않게 해준다. 뿐만 아니라 "마음의 씨눈"이라 할 혼을 보관하여 정신이 흩어 지지 않게 해준다.

나뭇잎 모양의 큰 입 두 개 아래 사이로 마치 나무껍질을 쪼개 놓은 것 같은 작은 잎 7개가 오른쪽에 4개, 왼쪽에 3개가 있는데 그 안에 혼의 궁이 있다. 혼은 화평한 기운을 발산한다. 나타내는 마음은 착함이며 그 행은 널리 덕을 베푸는데에 있다. 선행을 베푸는 착한 사람 혹은 법 없이도 살 사람이라 평하는 인물의 마음자리가 바로 이 혼의 궁이다.

혼이 궁에서 발산하는 기운은 목기이고 목기는 음양의 결합성으로서 어진 덕으로 낳아주고 길러주는 천지만물의 씨눈이며 간은 목기의 응축물이다. 체질 공식에 간담의 에너지인 갑을인묘가 있으면 남다른 착한 면이 보인다. 착한 심성과 덕성스러운 마음과 언행은 간이 저장한 혼의 궁으로부터 발산하는 목의 본질이기 때문이다. 목의 본질은 언행으로 나타난다. 말은 부드럽고 침착하며 절도가 있고, 항상 인자하여 자신이 해를 입어도 성을 내지 않고 두려움을 모르며, 미워하거나 증오하지도 않는다. 그리고 측은지심을 잃지 않아서 언제나 용서할 줄 안다. 이것이 있는 사람은 눈이 맑고 깨끗하며 항상 영롱한 빛을 머금고 시력이 좋다. 몸속은 기혈이 잘 소통하여 편안하고 소화기능이 원활하다. 몸 밖은 뚱뚱하거나 여위지 않으며 피부에 잡티가 없어서 곱고 주름이 가늘어 동안으로 보인다. 그리고 근육이 튼튼하여 자세가 바르고 손발톱이 마르거나 거칠지 않고 부드럽다. 하지만 누구나 다 그렇지는 않다. 일체의 존재는 상대적이기 때문이다. 악이 있어서 선이 나타나고 선이 있어서 악이 나타나니 간담이 바로 이 상반된 두 마음을 표출한다.

< '황제내경' 을 바탕으로 한 의명학>

악한 마음은 간담(목기)의 일그러진 모습으로서 선을 짓밟고 맹렬한 불꽃처럼 솟아오른다. 이런 현상이 바로 간담에 사기가 침범한 병증인데 심리변화가 잦고 극단적이다. 급한 성미는 번개 같고 분노는 천둥 같아서 눈에 조금만 거슬려도 스트레스로 무척 괴로워한다.

불같은 성미가 살생도 불사한 듯 하고 항상 마음이 즐겁지 못하다. 목소리가 크고 끔찍한 욕설을 마다하지 않으며 신경질이 콩 볶듯 하고 심하면 미운 자 증오하기를 잔인하기가 이를 데 없어 주변 사람을 겁나게 한다.

그런 면에서도 근심걱정에 마음이 편치 못하고 내심엔 두려움이 많아서 큰일을 앞에 두면 가슴부터 두근댄다. 몸 안의 현상으로 소화가 자주 막히고 양 옆구리 밑이 아프다. 아랫배가 결리거나 당기며 변이 어려운 데다가 가끔 어지럽기도 한다. 폐의 열사가 간으로 옮겨가면 공포심에 눈이 피로해 앞이 잘 보이지 않고 온 몸에 힘이 없어 잘 드러누우며 잠이 많아진다. 못난 사람이나 깨끗하지 못한 장소 또는 형태를 싫어함이 심하고 죄를 짓고 쫓기는 꿈을 잘 꾸기도 한다. 몸 밖으로는 눈이 피로하고 온 몸이 노곤하여 잘 드러눕고 잠이 많아진다. 눈동자에 검은 점이나 거미 같은 검은 줄이 생기기도 하고 때때로 앞이 잘 보이지 않는다. 얼굴은 검어지고 담이 자주 들거나 다리와 발에 쥐가 잘 나는데 발가락이 꼬꾸라지기도 하여 상당히 고통스럽다. 그 밖에 손발톱이 꺼지기도, 두통으로 괴로워도 하는데 만약 목이 당기고 머리 특정 부위가 아프면서 열이 뒷골을 치솟는다든지 두통이 심하고 눈앞이 잘 보이지 않거나 장딴지가 아프면 뇌출혈 또는 뇌경색을 의심해 봐야 한다. 간을 풍이라 하니 풍을 의심해야 한다는 것이다. 아무튼 만 가지 병증은 다 이유가 있는 법이다. 지금부터 간담의 병이 전하는 전조 증세의 시기와 원인을 예로 들어서 진단해 보자.

<모든 음양오행의 찰색은 범죄관상학과 관계가 깊다>

진단의 요체는 역시 음양오행론에, 생로병사의 절대원리는 하늘의 섭리에 있고 섭리는 지구가 자전·공전하면서 변화하는 기후와 에너지이며 음양오행은 사시, 봄, 여름, 가을, 겨울(아침, 낮, 저녁, 밤)의 기후와 그 성질을 표시한 문자이다. 태어난 시기에 음양오행을 대입하면 타고난 체질을 알 수 있다. 늙고 병들어 죽은 육신의 변화는 나이에 비례한다. 순차적으로 다가오는 매년 사시의 변화규율에 역시 음양오행을 대입하여 타고난 체질과 비교 분석하면 몇 살의 나이에 어느 장부가 병들지 정확하게 판단할 수 있다. 이것이 바로 의명학이며, 그 논리는 <황제내경>을 바탕으로 한 의학이다. 깊은 철학이자 천체물리학이며 자연과학이라고도 할 수 있어서 체질진단은 오직 진실하기도 하여 조금은 허망하지 않다. 소위

불치, 난치라 하는 병들도 예사롭게 치료할 수 있는 지혜도 저절로 터득할 수 있다. 진단으로 병의 원인을 거의 100% 알 수 있기 때문에 이 세상 어딘가에서 치료법을 찾아낼 수 있기 때문이다.

그 예가 다음과 같은 환자의 경우이다. 불치, 난치라 알려진 신부전증과 가벼운 중풍을 앓은 이 사람은 불과 한 달 정도의 치료로 투석하지 않아도 될 만큼 병세가 호전되었는데 이는 병의 원인을 파악할 수 있었기 때문에 가능했다.

<간담에 침범한 사기가 신장에 옮아간 신부전증과 치료법>

여기서는 얼굴 전체에 나타나는 범죄 관상학의 찰색론을 주의 깊게 살펴야 한다.

사기가 간에(청색) 먼저 침범하면 간을 병들게 한 뒤 신장으로 옮겨가서 신장을 병들게 한다. 그리고 사기가 심장으로 옮아가서 심장을 병들게 한 다음 다시 폐로 옮아가서 폐·대장을 병들게 하는데 마지막으로 비장·위장에 옮겨가면 치료하기가 어렵다. 따라서 몸의 안과 밖, 그리고 심리변화를 파악해 간담에 사기가 침범했을 때 치료하는 것이 제일 좋다.

시기를 놓쳤으면 신장·방광을 치료해서 사기가 심장·소장으로 옮아가지 않게 해야 한다. 마지막으로 사기가 비위로 옮아가지 않게 폐·대장을 치료해야 생명을 유지할 수 있다.

<체질>

　병은 화기이고 성질은 열이며 심장·소장 에너지이다. 술은 토기이고 성질은 건조하며 비장·위장 에너지이다. 신은 금기이고 성질은 뜨거우며 폐·대장 에너지이다. 갑은 목기이고 성질은 풍이며 간담 에너지이다. 해는 수기이고 성질은 차며 신장·방광 에너지이다. 체질은 간담, 심장이 작고 허약한 반면 신장·방광은 너무 크고 강하다.

<진단>

　생년과 생월의 丙(화기, 심장 에너지)은 활활 타오르는 불꽃같다. 게다가 생시의 甲(목기, 간담에너지)은 丙을 도와주므로 열기가 맹렬하게 위로 치솟는다. 이렇게 화기가 위로 치솟으면 몸의 기혈도 머리로 타오른다. 따라서 머리에 땀이 많이 나고 머리카락이 많이 빠진다. 그런데 생년의 戌(토기, 비위 에너지)은 심장 丁(화기, 심장 에너지)을 흙에 묻힌 숯불처럼 품고 있어서 심장이 허약하다.

　丙이 비록 화기이기는 하지만 위로 솟는 불이라 기혈을 아래로 순환시키지 못하는 단점이 있다. 즉 수승화강이 안되므로 신장·방광과 그 아래 다리와 발끝까지도 혈색이 충분히 순환되지 않는다. 따라서 발이 시리고 다리가 붓기도 하며 쥐도 잘 난다. 거기다가 생월과 생시 지지신(금기, 폐·대장 에너지)이 亥(수기, 신장·방광 에너지)를 생해주어 수기가 태과하나 수기는 그 성질이 차므로 손발이 더욱 차지고, 생년의 戌을 젖게 하여 비위에 염증을 유발시킬 뿐만 아니라 심장 허약을 심화시키고, 생년과 생월의 天干 丙의 화기를 아래로 끌어내리지 못하고 더욱 위로 밀어 올린다. 이리되면 기혈이 몸의 구석구석에 순환되지 않는다.

특히 수기가 태과하여 간담에 사기가 침범한다. 그리고 간담이 병들면 병든 사기가 신장으로 옮아가서 신장을 병들게 한다. 이를 비유하자면 나무에 물을 주면 뿌리, 가지, 잎 할 것 없이 썩어서 병들고 나무가 썩으면 물이 더러워져 병균이 득실대는 것과 같다. 즉 신장·방광에 의해 병든 간담의 사기가 신장·방광으로 다시 쳐들어가서 병을 유발하는 것이다. 그리되는 때는 화기가 악화돼 심장기능이 현저하게 떨어진다. 이 사람은 土극水가 주관하는 대운에서는 木火에 속하는 음식과 약초를 섭취하여 간담을 돕고, 木이 주관하는 대운에서는 木火에 속하는 음식과 약초를 섭취하여 간담을 돕고, 목이 주관하는 대운에서는 火土에 속하는 음식과 약초를 섭취해야 한다. 또 심장·혈관을 돕는 약초를 수시로 복용해 간과 신장에 기혈이 잘 흐르도록 도와주어야 병 없이 건강하게 오래 살 수 있다. 체질을 변화시켜 생로병사의 숙명의 멍에를 지우는 대운과 타고난 체질을 비교해 보자.

<대운과 체질>

3세부터 12세까지 丁酉 대운은 체질 공식의 甲(금기, 폐 · 대장) 두 개와 대운 酉(금기, 폐 · 대장)가 합세해 금기가 태과한다. 금기가 태과하면 木기(신장 · 방광)가 탁해서 소변이 잦아진다. 그러니까 어린 시절은 물론 늦은 나이까지 소변을 가리지 못한다. 그리고 대장에도 사기가 있어서 가끔 설사병으로 고생하기도 한다. 심리변화는 심장 허약 때문에 소심하고 매우 얌전한 편이다. 하지만 신장 사기로 인해 두려움이 많은데다가 폐까지 사기가 침범해 또래들과 잘 어울리지 못한다.

13세부터 22세까지 戊戌 대운은 戌(토기, 비위)이 체질 공식의 亥(수기, 신장 · 방광)를 흡수하여 습해져서 위장염이 생기고 술이 함축하고 있는 丁(화기, 심장 · 소장)이 습기에 약화되므로 심장 허약이 심한데다가 공식의 丙(화기)이 위로 솟아 얼굴이 붉어지고 여드름이 많아진다. 심장 허약이 심해 잘 놀라고 마음이 여려서 눈물이 많아진다.

13세부터 32세까지 己亥 대운은 己(토기, 비위)가 체질 공식의 甲(목기, 간담)과 합하여 강력한 土기로 변한다. 하지만 亥(수기)가 생년의 戌(토기, 비위)을 적시므로 위염이 심해지고 심장 역시 많이 약화된다. 심혈관이 좁아지기 마련이어서 혈액 순환이 원활하지 못한다. 위는 속이 비면 쓰린 듯하고 가끔 피부가 아프다. 의심증과 괜한 걱정을 수반하므로 어떤 일이건 과감하게 하지 못한다. 하지만 아직 젊은 혈기가 있는데다가 심성이 여리고 착해서 주변의 사랑을 받는다.

33세 庚子 대운부터 52세 辛丑 대운까지 20년간 子(수기, 신장 · 방광), 丑(토기, 몹시 냉한 비위와 얼음 같은 수기, 신

- 179 -

장·방광)을 만나 체질 공식의 태과한 수기와 합세하니 한 마디로 수기가 넘치는 강물과 같다.

이때 신장에 사기가 가득히 쌓여서 그 기능이 급격히 저하된다. 그리고 수기가 태과한 까닭에 물에 썩는 나무처럼 간담의 혈액이 탁해진다. 즉 어혈이 쌓이기 시작하는 것이다. 이때부터 무거운 병이 들 징조가 나타나기 시작한다. 먼저 성질부터 변한다. 간담에 사기가 침범하였으니 전에 없이 성질이 급해진다. 무슨 일이든 서둘러야 하고 머뭇대면 큰일이라도 날 듯 조급증이 심해져서 일을 잘 매듭짓지 못하고 타인에게 잘 속기도 한다.

그리고 원망과 증오심이 깊어지고 그에 비례해 짜증도 잦아지며 한 번 성내면 극단적으로 변한다. 또 끈기가 부족하여 중도 포기도 잘한다. 그리고 신장 사기로 인해 공포감이 심해지고 항상 배가 더부룩하다. 뿐만 아니라 간에 침범한 사기가 위장을 헐어놓아 소화불통으로 음식을 잘 먹지 못한다. 몸 밖으로는 살이 아프고 근육이 땅겨서 쥐가 잘 나고 발을 잘 접질려서 보행이 어려워지는 경우가 많다. 거기다가 피부가 검어지고 종기가 잘나며 손톱이 마른다.

53세 壬寅 대운에 이르러서는 설상가상으로 壬(수기, 신장·방광)이 체질 공식의 丙(화기, 심장·소장)과 충돌하여 화기가 폭발한다. 따라서 고혈압이 심화돼 혈압약을 먹지 않으면 위험해진다. 대운의 寅(목기, 간담)이 공식의 亥(수기, 신장·방광)와 합해서 물에 잠긴 나무와 같다. 게다가 寅(간담)은 공식의 辛(금기, 폐·대장)과 충돌한다. 그러므로 간담이 상처를 입으니 극심한 스트레스에 시달린다.

때에 따라서는 이성을 잃을 정도로 자신을 컨트롤하지 못한다. 그러다가 기어코 중풍을 앓고 말았다. 스트레스는 중풍의 여러 원인 중에서 가장 강력하다. 다행하게도 이 사람은 왼쪽 다리를 약간 끄는 정도여서 심하지가 않았다. 간담의 사기가 신장·방광으로 옮아갔기 때문이다.

스트레스에, 신장·방광까지 병들은 데다 중풍까지 앓은 터라 심신이 쇠약해져 죽음의 공포에 사로잡힌다. 몸은 부자유스럽고 신장의 탁기로 인해 소변이 잘 나오지 않을뿐더러 몸까지 붓기 시작한다. 신부전증 증세였던 것이다.

63세 癸卯 대운에 이르러서 기어코 신부전증 진단을 받게 되었다. 癸(수기, 신장)가 공식의 수기에 합세하는데다가 간담에 사기까지 전이되었고, 뭐니뭐니해도 卯(목기, 간담)가 생년의 戌가 합해서 화로 변하지만 이 화기가 신장의 탁한 水氣에 꺼지는 촛불과도 같아진다.

그리 되면 심장이 혈을 충분히 생하지 못할 뿐만 아니라 혈관도 좁아지고 혈액을 신장으로 넉넉하게 공급하지 못한다. 따라서 몸속의 나쁜 것들을 쥐어짜서 걸러주어야 할 신장이 오히려 빽빽한 진흙처럼 엉킨 탁기로 가득 차서 제 역할을 하지 못한다. 이런 병을 신부전증이라 하는데 오늘날 유일한 치료법은 투석으로 혈액을 강제로 돌리는 것이다.

문제는 고통도 고통이거니와 투석이 임시방편일 뿐 치료가 되지 않는다는 사실이다. 절대로 낫게 할 수 있는 치료 방법이 아니니 겨우 생명줄만 이으면서 고통을 감내하지 않으면 안 된다. 요행히 신장이식을 한다 해도 나을 보장도 없으니 참으로 난감하다.

<심장 · 비장 전이된 치료 중요>

어찌해야 할까? 고통을 참으면서 이대로 죽음을 기다려야 하는 것일까? 절대로 그렇지 않다. 얼마든지 치료가 가능하다. 심장과 혈관을 치료하면서 간 · 심장을 돕고, 신장의 어혈을 파동으로 분해하는 한편 밖으로 배출시키면 낫는다. 이리하면 재발을 걱정하지 않을 정도로 완치가 가능하다. 투석하기 전이라면 더욱 그렇다. 이 사람 역시 이런 방법으로 치료하였더니 이전에 끌던 다리를 정상적으로 뚜벅뚜벅 걸을 수 있었다. 그리고 한 달 가까이 지나서였다. 불가사의한 변화가 나타나기 시작했다. 이뇨제를 먹지 않아도 소변이 잘 나오고 몸의 붓기도 차츰 빠지더니 건조했던 피부도 촉촉이 젖었다. 그리고 시커멓던 얼굴에 혈색이 돌았다.

치료한 지 한 달이 채 되지 않았는데 불치라는 신부전증이 좋아지고 있었던 것이다. 과연 그랬다. 투석하지 않아도 된다는 판정을 받았다. 이 사람은 다행히 자신의 의사이기도 해서 치료 방법을 깨우친 다음 자기 치료로 절망에서 벗어날 수 있었다. 병이 급속도로 호전되니 신명이 나서 지금도 열심히 치료 중인데 날로 좋아짐을 환자 스스로 느끼니 더는 죽음의 공포에 떨지 않는다 하였다. 마음이 그런 만큼 얼굴에 나타나는 혈색은 앞으로 치료 효과가 더욱 좋아질 것이다. 이 사람의 병의 전이과정을 보면 간에 침범한 사기가 신장에 옮아가서 신부전증을 앓게 된 시점이었다.

그러니까 심장에 병이 들기 전에 심장과 신장을 치료하였기 때문에 쉽기 나을 수 있었던 것이다. 물론 탁월한 치료법을 만났으니까 가능했겠지만 만약 사기가 심장까지 옮아갔다면 심장 치료를 먼저 한 다음 신장을 치료해야 한다. 만약 심장에서 비장으로 전이 되었다면 천상의 신선이 치료한다 해도 고치기 어려울 것이다.(음양오행론은 범죄 관상학에 대입하면 될 것이다.)

범죄 관상 기록

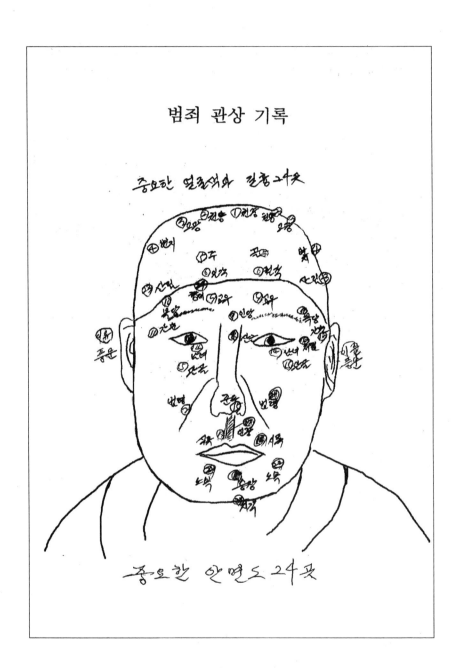

- 184 -

※ 평범하고 원만한 상

※ 미간이 좁은 사람과 입술이 두터운 사람

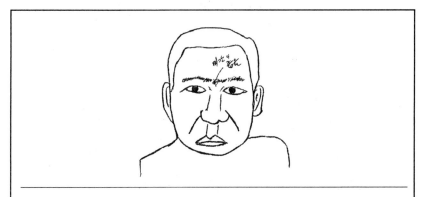

※ 코가 두텁고 미간이 좁으면 경제적으로 풍요롭지 못하고, 이마가 넓으며 통통한 얼굴은 견실하다.

※ 두꺼운 입술과 둥근 턱은 배려할 줄 알아서 가정이 원만한 관상이다.

범죄 관상 기록

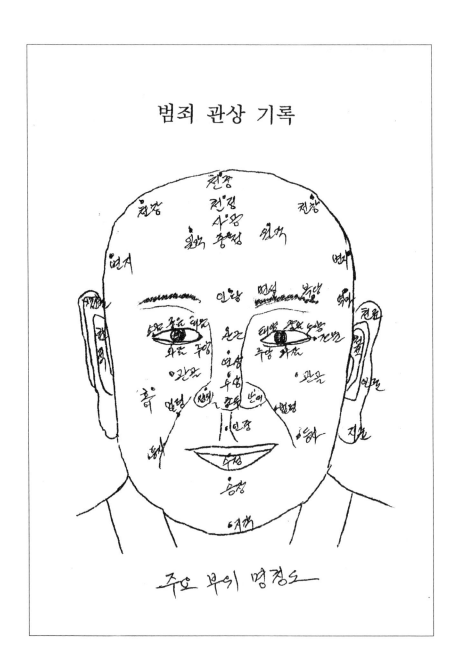

주오 부위 명정도

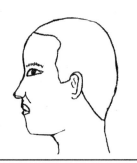

※ 평범하기만 하고 불만스러움도 있을지 모르겠다. 중년이 되어 문득 얼굴을 쓰다듬으면서 허리가 휠 정도가 되는가 생각하는 상이다.

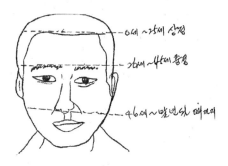

0세 ~25세 상정

26세 ~45세 중정

46세 ~말년되서 때까지

※ 관상의 삼정형

상정은 출생하여 25세쯤 초년을 말한다. 학자나 작가, 연구원 등 지적 방면의 직업이 적격이다. 중정운은 눈썹 위에서부터 코밑까지의 부분을 말한다. 26세부터 45세까지 중년을 본다. 하정은 46세부터 죽음 때까지 말년운을 본다.

남녀 아름다운 관상

남자

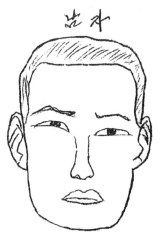

※ 가느다란 눈은
책임감이 강하다
온화하고 수려한
얼굴의 재성기
눈자의 기본형이다

여 자

※ 긴 눈은 사려가 깊으며
가지런한 초승달(아미월)
눈썹은 온화하다.

얼굴 전체가 달걀형이며
미인을 가르키는 여자의
전형적인 기본 얼굴이다

책을 접으며

태어난 팔자가 거지인데다 관상까지 영락없는 비렁뱅이, 그야 말로 완벽한 거지도 운명을 바꿀 수 있다.
(명당이장, 얼굴성형, 눈썹성형, 행운도장, 음식과 식사량)
그러면 상이 모두 변해버린 것이다.
(관상, 수상, 족상, 체상)
인간의 관상이라고 하는 것은 그 사람의 노력발전, 수행 정도에 따라서 천양지차로 변한다는 것을 저자의 체험으로 알게 되었다.

천지 세계를 오가는 "사자" 관상가가 "우주의 큰 뜻을 거역하겠는가!"

시대와 종파를 초월하여 일상생활과 접목시켜 현재 삶의 현장에서 직접 보고, 또 적성과 은덕을 쌓아 가면서 얼굴을 보며 하루하루 공부해 나간다면 분명히 사람 보는 안목이 훨씬 좋아지리라는 것을 굳게 믿는다.
마산 빌립보교회 차혜옥 목사님, 진주성당 이영민(베드로) 신부님, 내소사 정진하스님의 물심양면으로 이 글을 완성했다.

- 끝 -

◆ 편저 정 동 북 ◆

- 광주 석산고등학교 졸업
- 광명 불교 대학 졸업
- 인천 부평 경찰학교 졸업
- 서울 제1기동대 청와대 파견근무
- 합천 해인사 출가, 범어사 구속계수지(부산)
- 경북 여천 용학사 주지
- 동진 수산, 동진산업(주) 회장
- 저서 : 사주명법(공저)
         범죄 인상학

범죄 관상학	정가 14,000원

2018年 01月 05日 인쇄
2018年 01月 10日 발행
　편 저 : 정 동 북
　발행인 : 김 현 호
　발행처 : 법문 북스
　공급처 : 법률미디어

152-050
서울 구로구 경인로 54길4(구로동 636-62)
TEL : 2636-2911~2, FAX : 2636-3012
등록 : 1979년 8월 27일 제5-22호
Home : www.lawb.co.kr

ISBN 978-89-7535-621-6 (03180)
파본은 교환해 드립니다.